Heinz Werner

SELBSTVERSORGEN DURCH SCHAFHALTUNG

Der Ratgeber für Aufzucht, Pflege, Nutzung

Orac Pietsch

Schutzumschlag: Bronislaw Zelek

Bildquellen:
autopress 1; Landesschafzuchtverband Niedersachsen, Dr. Schmidt 1; E. Bächi-Nussbaumer 2; Deutsche Wollverwertung 1; Moradelli 1; Dr. W. Schiffer 22; ›Tier und Technik‹
K. Dyke 4; Weck 1; Weischet 3; Werner 1.

ISBN 3-87943-939-7

1. Auflage 1983
Copyright © by Paul Pietsch Verlag, Postfach 1370, 7000 Stuttgart 1.
Sämtliche Rechte der Verbreitung – in jeglicher Form und Technik – sind vorbehalten.
Satz und Druck: Druckerei Röhm KG, 7032 Sindelfingen.
Bindung: Verlagsbuchbinderei Karl Dieringer, 7000 Stuttgart.
Printed in Germany.

Inhaltsverzeichnis

Vorwort

Es gibt zahlreiche Bücher über Schafe, meistens recht anspruchsvolle Werke, die sich mit wissenschaftlicher Gründlichkeit bestimmter Teilgebiete der Schafhaltung annehmen, erhebliche Vorkenntnisse voraussetzen und untersuchen, wie die professionelle Schafhaltung rationeller und wirtschaftlicher betrieben werden kann.

Selbstversorger, die sich als „Amateure" einige Schafe zur Deckung ihres Eigenbedarfs an Fleisch und Wolle, eventuell (bei Milchschafen) auch an Milch und deren Derivaten halten wollen, waren bisher – von wenigen Ausnahmen abgesehen – darauf angewiesen, sich das erforderliche Wissen mühsam zusammenzutragen. In diesem Buch nun wird versucht, alle jene Fragen zu beantworten, die sich aus der Haltung relativ weniger Schafe durch „Amateure" ohne nennenswerte Vorkenntnisse ergeben.

Es mag interessant sein, daß rund 95 Prozent der Schafhalter in die Kategorie der Kleinbetriebe gehören und die meisten davon mehr oder weniger „Amateure" sind.

Dem Titel entsprechend wendet sich dieses Buch in erster Linie an Selbstversorger. Die Schafprodukte, ihre Bedeutung und Verwertung nehmen einen breiten Raum ein. Dennoch mag es auch für jene Hobby-Halter eine interessante Informationsquelle sein, die ihre Schafe vor allem als „lebende Rasenmäher" betrachten und für die ein direkter Nutzen aus den Produkten der Schafhaltung nur von beiläufiger Bedeutung ist.

Die verschiedenen Sachgebiete wurden in Kapiteln zusammengefaßt, die auch ohne Vorkenntnisse und unabhängig voneinander verständlich sind. Soweit bestimmte Tatsachen mehrere Sachgebiete betreffen, wurden sie entweder auch mehrfach aufgeführt, oder es wurde auf das Kapitel verwiesen, in dem sie behandelt werden.

Verlag und Autor möchten dazu beitragen, daß die Bedeutung der Schafe und ihre zahlreichen guten Eigenschaften von möglichst vielen Selbstversorgern entdeckt werden.

Heinz Werner

Die Bedeutung des Schafes für den Selbstversorger

Es gibt überzeugte Vegetarier, die alle Nahrungsmittel tierischen Ursprungs ablehnen, aus welchen Gründen auch immer. Wenn es gerade unter Selbstversorgern bemerkenswert viele Vegetarier gibt, dann handelt es sich aber häufig nicht um echte „Überzeugungstäter", sondern um „Zwangs-Vegetarier". Wer sich zur Selbstversorgung entschlossen hat, kann nämlich verhältnismäßig leicht alle benötigten Nahrungsmittel pflanzlichen Ursprungs anbauen. Schwierig wird es hingegen, wenn man versucht, auch Nahrungsmittel tierischen Ursprungs selbst zu erzeugen. Wer nun nicht in der Lage oder bereit ist, die damit verbundenen Schwierigkeiten zu überwinden und diese Nahrungsmittel auch nicht im Geschäft kaufen will, hat keine andere Wahl, als zum Vegetarier zu werden.

Gegen eine Ernährung auf rein pflanzlicher Basis spricht eigentlich nur ein Argument, freilich ein sehr gewichtiges: Nahrungsmittel tierischen Ursprungs schmecken den meisten von uns besonders gut, wir wollen ungern darauf verzichten. Von seinen anatomischen Voraussetzungen her ist der Mensch ein „Allesfresser". Auch wenn man sich durchaus gut und gesund von Vegetabilien allein ernähren kann und in jedem Fall die pflanzliche Komponente in unserer Ernährung aus gesundheitlichen Gründen überwiegen sollte, fällt den meisten von uns ein Verzicht auf Nahrungsmittel tierischen Ursprungs schwer.

Legt man die Ernährungsgewohnheiten eines Durchschnittsbürgers zugrunde, dann verzehren wir jährlich 232 Kilogramm an Nahrungsmitteln tierischen Ursprungs gegenüber 360 Kilogramm an Vegetabilien. Unsere Eßgewohnheiten haben sich damit erheblich geändert, denn vor 30 Jahren waren es noch 413 Kilogramm an vegetabilen Produkten, aber nur 175 Kilogramm an animalischen Produkten.

Nun kann man es sich natürlich leicht machen und lediglich die Vegetabilien anbauen, die Nahrungsmittel tierischen Ursprungs jedoch ganz normal im Geschäft kaufen, wenn man nicht bereit ist, auf sie zu verzichten. Das aber wäre eine Möglichkeit, die mit der Selbstversorger-Ideologie kaum vereinbar ist. Schon aus wirtschaftlichen Gründen wäre eine solche teilweise Selbstversorgung kaum sinnvoll. Sowohl auf das Gewicht als auch auf ihren Nährwert bezogen sind tierische Nahrungsmittel erheblich teurer

8

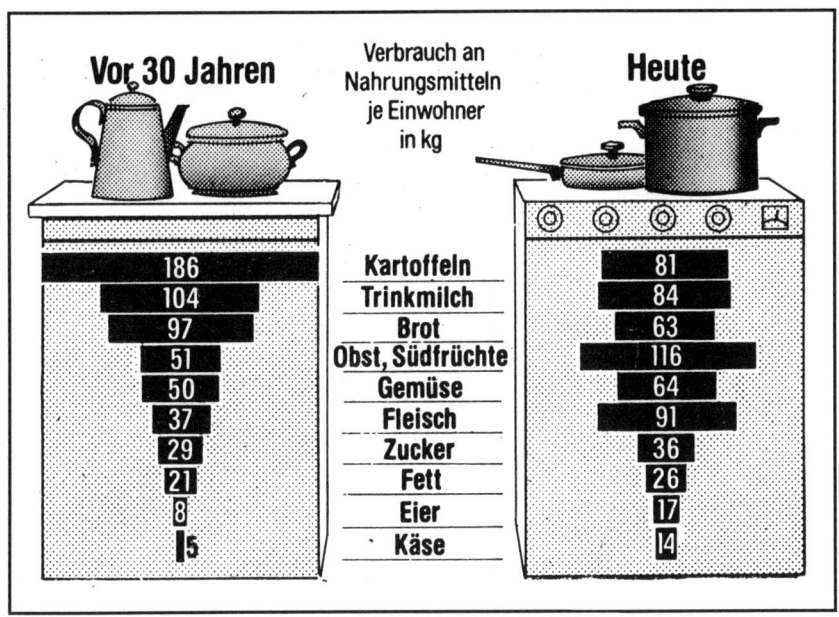

Vor 30 Jahren	Verbrauch an Nahrungsmitteln je Einwohner in kg	Heute
186	Kartoffeln	81
104	Trinkmilch	84
97	Brot	63
51	Obst, Südfrüchte	116
50	Gemüse	64
37	Fleisch	91
29	Zucker	36
21	Fett	26
8	Eier	17
5	Käse	14

Unsere Ernährung einst und heute *(Quelle: »Die Welt«).*

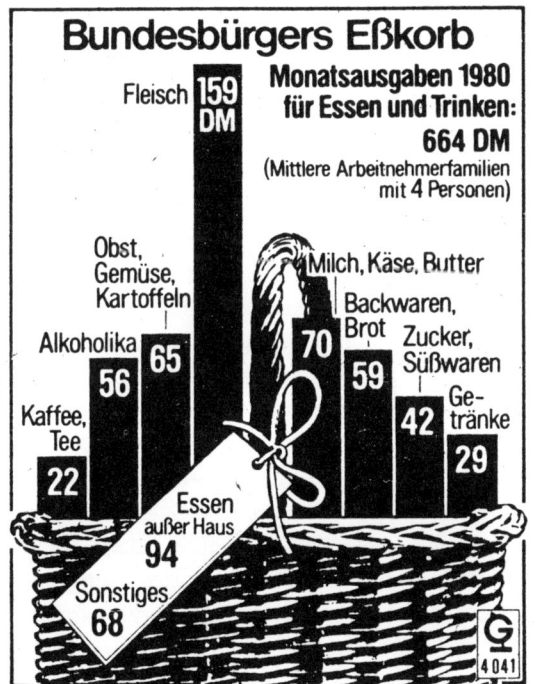

Bundesbürgers Eßkorb

Monatsausgaben 1980 für Essen und Trinken:
664 DM
(Mittlere Arbeitnehmerfamilien mit 4 Personen)

Fleisch **159 DM**

Obst, Gemüse, Kartoffeln **65**

Milch, Käse, Butter, Backwaren, Brot **70**

Alkoholika **56**

Zucker, Süßwaren **59**

Kaffee, Tee **22**

Getränke **42**

29

Essen außer Haus **94**

Sonstiges **68**

Mit weitem Abstand das meiste Geld wird für Nahrungsmittel tierischen Ursprungs ausgegeben. Die Beträge haben sich seit 1980 geändert, die Tendenz kaum *(Quelle: »Die Welt«).*

als pflanzliche. Wir könnten also bei unserer Ernährung nur verhältnismäßig wenig Geld sparen, wenn wir lediglich die Vegetabilien selbst erzeugen, Fleisch, Eier und Molkereiprodukte aber kaufen.

Allerdings ist die finanzielle Ersparnis ohnehin nur selten ein entscheidendes Motiv für den Entschluß, zum Selbstversorger zu werden. Viel wichtiger ist demgegenüber in den meisten Fällen der gesundheitliche Aspekt. Es dürfte hinreichend erwiesen sein, daß im landwirtschaftlichen Anbau selbst bei der vorgeschriebenen Dosierung von Kunstdüngern und Pflanzenschutzmitteln eine nicht sehr zu leugnende Qualitätsminderung und Schadstoff-Konzentration in den Vegetabilien feststellbar ist. In der einschlägigen Literatur wird mehrfach über einen 12 Jahre dauernden Versuch der „Deutschen Bundesanstalt für Qualitätsforschung pflanzlicher Erzeugnisse" berichtet, bei dem die Auswirkungen der Düngung mit Mineralsalzen (Kunstdünger) einerseits und organischem Dünger (Mist und Kompost) andererseits verglichen wurden. Es würde zu weit führen, in diesem Buch ausführlich auf die Untersuchungsergebnisse einzugehen; der Hinweis mag genügen, daß das verstärkte Auftreten gesundheitsschädlicher Substanzen bei Kunstdüngung einwandfrei nachgewiesen werden konnte. Bedenkt man nun noch, daß bei dieser Untersuchung die diversen Pflanzenschutz-Chemikalien noch nicht erfaßt sind, deren Wirkung ja auf ihrer Giftigkeit für pflanzliche oder tierische Schädlinge beruht, daß die vorgeschriebene Dosierung beileibe nicht immer eingehalten wird, daß Konservierungsmittel die Haltbarkeit verbessern sollen, und daß schließlich noch keine Langzeit-Untersuchungen über Summen- und Metabolitenwirkung der vielen Chemikalien vorliegen, dann wird klar, warum so viel für den Eigenanbau von garantiert gesundheitlich unbedenklichen Vegetabilien spricht.

Was aber ist mit den Produkten tierischen Ursprungs? Hier ist alles noch viel ärger! Die gewerblich gehaltenen Nutztiere erhalten Futter, das zumindest auf die gleiche Weise chemisch verseucht ist, wie die für den menschlichen Genuß erzeugten Vegetabilien. Von dem wenig energiehaltigen Grünfutter verzehren sie beachtliche Mengen, ein Schaf etwa täglich 8 bis 10 Kilogramm. Die über das Futter aufgenommenen Schadstoffe werden teilweise im Körper angelagert, teilweise auch über die Milch oder die Eier abgegeben, und zwar in erhöhter Konzentration. Damit aber nicht genug: zur Verbesserung der Wirtschaftlichkeit werden die Nutztiere teilweise über das industriell aufbereitete Futter, teilweise aber auch über Spritzen mit Chemikalien und Wirkstoffen versorgt, die die Futterverwertung steigern, z. B. Antibiotika. Es ist sicherlich keine unzulässige Verallgemeinerung, wenn man annimmt, daß handelsübliche tierische Produkte potentiell noch schädlicher für unsere Gesundheit sind als pflanzliche Produkte.

Wer sich also damit begnügt, nur seine pflanzlichen Nahrungsmittel selbst zu erzeugen, Nahrungsmittel tierischen Ursprungs aber zu kaufen, handelt höchst unsinnig. Verstehen Sie jetzt, warum viele Selbstversorger unfreiwillig zu Vegetariern werden?
Welche Schwierigkeiten treten denn nun tatsächlich auf, wenn man sich dazu entschließt, auch tierische Nahrungsmittel zu erzeugen?

● Man benötigt gegenüber dem Anbau von Vegetabilien eine um das Mehrfache größere Fläche zum Anbau des Futters, wenn man tierische Nahrungsmittel gleichen Nährwerts erzeugen will.

● Nutztierhaltung belästigt die Nachbarn und ist deshalb nicht nur in reinen Wohngegenden, sondern beispielsweise auch in Kleingarten-Kolonien meistens verboten.

● Der zur Betreuung nötige Zeitaufwand ist meistens relativ hoch, fast immer ist unsere tägliche Anwesenheit erforderlich, Urlaub ist dann nicht möglich.

● Es muß in aller Regel ein Stallgebäude vorhanden sein, ebenso ein Lagerraum für das Futter.

Ein Stallgebäude läßt sich wahrscheinlich ebenso wie eine Futter-Anbaufläche notfalls irgendwo auf dem Land pachten, wo Nutztierhaltung selbstverständlich ist. Falls man aber den Stall nicht am Haus hat, ist für die Fahrt dorthin ein zusätzlicher Zeitaufwand erforderlich, und dieser Zeitaufwand kann oft nicht erbracht werden. Selbst wenn alle anderen Schwierigkeiten ausgeräumt sind, bleibt die Nutztierhaltung oft ein Zeitproblem. Die Nutztierhaltung würde also wesentlich erleichtert, wenn es möglich wäre, das Zeitproblem zu lösen.
Sowohl der Platz- als auch der Zeitbedarf ist bei der Eierproduktion verhältnismäßig gering, wenn man Hühner in einem sehr begrenzten Auslauf hält; Sie wissen ja, daß auch Batteriehühner Eier legen, obwohl sie in winzigen Käfigen hocken. Geht man aber von dem Grundsatz aus, das Futter für die Nutztiere selbst anzubauen, dann ist Hühnerhaltung nur sinnvoll, wenn man den Hühnern einen größeren Auslauf geben kann, in dem sie sich ihr Futter teilweise selbst suchen können, oder wenn man sie kostengünstig unter Verwendung von Abfällen füttern kann. Bei reiner Getreidefütterung (wozu ein Eiweiß-Zusatz kommen muß) und unter Berücksichtigung selbst aufgezogener Nachzucht wären für die Produktion von 2000 Eiern (dem Jahresbedarf einer vierköpfigen Selbstversorger-Familie), fünf Hähnchen und fünf Schlachthühnern als Anbaufläche 1250 Quadratmeter zugrundezulegen.* Immerhin ist es bei Verwendung von Futter- und

* Vergl. W.R.v. Rhamm „Das große Buch für Selbstversorger".

Tränkautomaten sowie Fallnestern möglich, das Geflügel auch einmal einen oder zwei Tage sich selbst zu überlassen.

Viel problematischer wird der Zeitfaktor bei der Eigenversorgung mit Molkereiprodukten. Um den Milchfluß aufrecht zu erhalten, muß unbedingt während der Laktationsperiode jeden Tag zweimal in gleichmäßigen Abständen gemolken werden, am frühen Morgen und am Abend, egal, ob man Kuh, Ziege oder Milchschaf hält.

Im Prinzip kann man auch alle anderen Säugetiere zu Milchspendern umfunktionieren; denken Sie nur an die Mongolen, die ihre Stuten gemolken haben. Durch jahrhundertelange Selektion ist es aber bei Kuh, Ziege und Milchschaf gelungen, den Milchfluß weit über die für die Kälber oder Lämmer erforderliche Säugezeit hinaus fast bis zur Geburt des nächsten Kalbes oder Lammes aufrecht zu erhalten. Unterbleibt aus irgendwelchen Gründen einmal eine Geburt, versiegt die Milch allmählich.

Werden die Milchtiere im Sommer auf der Weide gehalten, kann entweder dort mit einem transportablen Melkstand gemolken werden, oder man muß die Tiere für die Nacht in den Stall treiben – beides kostet zusätzliche Zeit.

Das Melken selbst macht vielen potentiellen Selbstversorgern arge Kopfzerbrechen, erfordert es doch einige Praxis. Auch ist der Zeitaufwand zu berücksichtigen, um einen Teil der Milch zu Butter, Quark, Joghurt, Käse oder andere Molkereiprodukte zu verarbeiten. Zumindest in der kalten Jahreszeit kann bei allen Milchtieren auf eine Stallhaltung nicht verzichtet werden, so daß erhebliche Futtermengen geerntet und eingelagert werden müssen. Täglich ist außer dem Melken zweimal zu füttern und zu misten oder doch zumindest neues Stroh auszubringen.

Sie sehen also, daß es wirklich sehr arbeitsaufwendig ist, die Milch und ihre Derivate selbst zu erzeugen; an eine Abwesenheit, und sei es auch nur für einen Tag, ist nicht zu denken.

Und wie sieht es mit dem Fleisch aus? Natürlich fällt Fleisch gewissermaßen als „Abfallprodukt" an, wenn wir Hühner oder Milchvieh halten. Hühner legen nur zwei Jahre ordentlich, dann müssen sie geschlachtet und durch Junghennen ersetzt werden; lassen wir eine Henne brüten und damit für Nachzucht sorgen, haben wir zusätzlich ein paar Hähnchen, die irgendwann schlachtreif werden. Bei dem Milchvieh haben wir auf jeden Fall die Kälber oder Lämmer, deren Geburt für die Aufrechterhaltung der Milchproduktion ja ohnehin erforderlich ist.

Versorgt man einen Selbstversorger-Haushalt von vier Personen mit Eiern und Molkereiprodukten, dann erhält man, wie wir noch sehen werden, rund 200 Kilogramm Fleisch als Dreingabe. Das aber scheint recht wenig; durchschnittlich werden pro Nase fast 100 Kilogramm jährlich verzehrt. Zusätzliches Fleisch können Kaninchen liefern, für die überall ein Plätzchen gefunden werden kann. Unübertroffen als Fleischlieferant ist freilich das Schwein, das zudem den Vorteil hat, daß sein Fleisch auf vielfältige Weise haltbar gemacht werden kann. Beide müssen im Stall gehalten werden, was bedeutet, daß sie täglich zu füttern sind und der Stall zu reinigen ist. Auch hier also sind wir festgebunden; wir kommen noch darauf zurück.

Das ideale Nutztier für Selbstversorger ist die berühmte „wartungsfreie eierlegende Wollmilchsau", mit anderen Worten: ein Nutztier, das uns mit Eiern, Fleisch und Milch, also mit allen tierischen Nahrungsmitteln, und zusätzlich auch noch mit Wolle versorgt, keinerlei Futter benötigt, seine Ausscheidungen (die wir ja als Dünger benötigen) direkt auf dem Misthaufen abläd, seine Milch direkt in die Milchkanne spritzt und schließlich so robust ist, daß es weder Stall noch Pflege braucht!

Schöne wäre es ja, wenn es so etwas gäbe. Eier liefert uns nur das Geflügel, in erster Linie das Huhn. Wenn man aber einmal von den Eiern absieht, kann man der „eierlegenden Wollmilchsau" einigermaßen nahekommen – durch das nach Meinung des Autors für Selbstversorger am besten geeignete Nutztier, das Schaf!

Nur das Schaf liefert uns Wolle, ein Produkt, das freilich nichts zur Ernährung beiträgt, aber doch recht nützlich ist, wie wir noch sehen werden. Wegen seiner dichten Wolle aber ist das Schaf weitaus weniger abhängig von Witterungs-Unbill als etwa Ziege oder Kuh. Es ist überhaupt kein Problem, Schafe ganzjährig im Freien zu halten, wenn man bereit ist, auf eine intensive Nutzung zu verzichten.

Das Schaf ist in seinen Weideansprüchen bescheidener als jedes andere Nutztier. Wir haben die Wahl, es auf einer eingezäunten Weide das ganze Jahr mehr oder weniger sich selbst zu überlassen – selbst Wasser benötigt es von uns nicht – und immer noch einen recht guten Fleisch- und Woll-Ertrag zu erzielen, oder aber uns die zusätzliche Arbeit des Melkens und einer etwas aufwendigeren Haltung zu machen, um von ihm (als Milchschaf) auch noch mit sämtlichen Molkereiprodukten versorgt zu werden. Diese Vorteile bietet uns kein anderes Nutztier! Verzichten wir auf die Milchleistung, können wir trotz der Schafe sogar Urlaub machen und von April bis Dezember verreisen.

Lassen wir die Wolle zunächst einmal beiseite, dann versorgt uns ein Schaf durch seine Lämmer jährlich mit reichlich 50 Kilogramm Fleisch von bester Qualität, ohne daß wir viel Arbeit mit ihm haben. Dafür aber beansprucht es als Futterfläche rund 1000 Quadratmeter guter Weide. Sind wir in der Lage, die Zeit für eine ständige Stallhaltung aufzubringen, dann ist freilich das Schwein vom flächenbezogenen Fleischertrag her wesentlich vorteilhafter.

Füttern wir ein Schwein auf Getreide-Basis (plus Eiweiß-Zusatz), dann ist eine Anbaufläche von etwa 650 Quadratmeter für die Erzeugung dieses Getreides erforderlich.* Dafür bekommen wir 100 Kilogramm Schweinefleisch. Im Vergleich mit dem Fleischertrag eines Schafes ist das offensichtlich sehr günstig. Noch günstiger wird die Rechnung für das Schwein, wenn es, wie das bei Selbstversorgern üblich sein dürfte, zumindest teilweise mit Hackfrüchten, also Kartoffeln oder Rüben, gefüttert wird. Da Hackfrüchte einen höheren Nährwert-Ertrag pro Fläche liefern als Getreide, kämen wir dann mit etwa 400 Quadratmeter Anbaufläche aus – ein Schwein braucht also gegenüber einem Schaf knapp die halbe Fläche, um den doppelten Fleischertrag zu erbringen.

Diese für das Schwein scheinbar so günstige Vergleichsrechnung hat allerdings gleich einige Haken. Zunächst einmal sorgt das Schaf selbst für Nachwuchs; etwa alle sechs Jahre schlachten wir das Mutterschaf und ziehen eines seiner Schaflämmer auf, das es ersetzt. Ein Schwein hingegen wird als Ferkel gekauft und etwa ein halbes Jahr gemästet, bis es schlachtreif ist. Gerade der Umstand, daß wir ein Schwein nur ein halbes, ein Schaf aber ein ganzes Jahr füttern müssen, ist ja teilweise für das Vergleichsergebnis verantwortlich.

Schwerer aber wiegt der Nachteil des Arbeitsaufwands, den das Schwein verlangt. Sein Futter muß geerntet und lange Zeit gelagert werden (Schweine werden im Winter, traditionell im Dezember, geschlachtet. wenn das Wetter kühl ist und es keine anderen dringenden Arbeiten gibt; die Mastzeit beginnt dann im Juni, liegt also teilweise vor Beginn der neuen Ernte). Zudem muß das Futter aufbereitet werden, weil sonst die Verwertung durch das Schwein zu schlecht ist. Das bedeutet, daß Getreide geschrotet, Kartoffeln gedämpft oder siliert, Rüben gemust werden müssen. Täglich müssen wir zweimal füttern und misten – alles in allem verursacht ein Schwein wohl nicht so viel Arbeit wie ein Milchtier, aber wir sind doch, wie bereits erwähnt, an das Haus gebunden.

Die Schweinehaltung wäre einfacher, wenn wir es so machen könnten wie unsere Vorfahren, die ihre Schweine einfach in den Wald getrieben haben. Beaufsichtigt von einem Schweinehirten, suchten sie sich dort selbst den Großteil ihres Futters, wie das ja auch die Wildschweine tun.

In den Wald dürfen wir unsere Schweine natürlich nicht treiben. Es ist aber auch nicht möglich, sie in einer Einfriedung sich einen Teil ihres Futters selbst suchen zu lassen, wie wir das mit Weidetieren tun. Schweine sind nämlich Allesfresser (wie wir Menschen!), die tierisches Eiweiß in Form von Würmern, Engerlingen, Maden, Mäusen und Maulwürfen aufnehmen und dazu den Boden durchwühlen. Sehen Sie sich einmal das Wildschwein-

---

* Vergl. v. Rhamm „Das große Buch für Selbstversorger".

14

gehege in einem Zoo an, dann wissen Sie, wie Ihr Weideland bald aussehen würde, wenn Sie Schweine dort sich selbst überlassen. Außerdem müßten Sie ohnehin zufüttern, denn Schweine können wohl auch Gras verdauen, brauchen aber wesentlich gehaltvolleres Futter, wenn sie ordentlich zunehmen sollen. Selbst der Tip, Hackfrüchte als Futter anzubauen, die Schweine auf das Feld zu treiben und ihnen das Ausbuddeln zu überlassen, taugt nicht viel. Das würde eine ausbruchssichere Umzäunung voraussetzen, und die Verwertung unaufbereiteter Hackfrüchte ist, wie erwähnt, relativ schlecht.

Würden wir das Schaf im Stall halten und in ähnlicher Weise mit hochwertigem Futter mästen wie das Schwein, dann würde sich sein flächenbezogener Fleischertrag jenem des Schweins annähern, ohne ihn ganz zu erreichen. Über den berühmten Daumen gepeilt ist der Nährstoffbedarf eines Mastlamms bis zur Schlachtreife etwa ein Drittel so hoch wie bei einem Schwein, sein Netto-Schlachtgewicht etwa ein Viertel so hoch. Um es noch einmal ganz klar zu sagen: der „Spezialist" Schwein ist in seinem Fleischertrag nicht zu schlagen, aber der Vorteil des Schafs liegt darin, daß es als Fleischlieferant unter allen Nutztieren die weitaus geringste Arbeit macht.

Kommen wir nun aber zu einem anderen „Spezialisten" und vergleichen ihn mit dem Schaf: die Ziege. Sie gilt als „Kuh des kleinen Mannes" und ist der stärkste Konkurrent des Milchschafs als wichtigstes Nutztier für Selbstversorger. Auf den ersten Blick scheint eine Ziege auch tatsächlich die bessere Wahl zu sein, denn die heutigen Hochleistungsziegen liefern ohne weiteres um 1000 Kilo Milch im Jahr, während ein gutes Milchschaf nur auf 600 Kilo kommt.

Wertbestimmend für die Milch ist in erster Linie ihr Fettgehalt, insbesondere für die Weiterverarbeitung zu den Molkereiprodukten Butter, Käse usw. Hier aber macht das Milchschaf den in der Milchleistung verlorenen Boden gegenüber der Ziege wieder gut, denn der Fettgehalt seiner Milch liegt um 6 Prozent, jener der Ziegenmilch um 3,5 Prozent. Mit anderen Worten: ein Milchschaf mit einer Jahres-Milchleistung von 600 Kilo liefert ebensoviel Milchfett wie eine Ziege mit 1000 Kilo Jahresmilchleistung. Beide unterscheiden sich also in ihrer Ertragsleistung kaum voneinander.

Mit einer Ablammquote von 230 Prozent (2,3 Lämmer pro Schaf) und einem Gewicht von mehr als 50 Kilogramm (Lebendgewicht) für die schlachtreifen Lämmer ist der Fleischertrag des Milchschafes höher als jener der Ziege. Deren Fruchtbarkeit ist wohl vergleichbar, aber die Lämmer sind deutlich leichter. Immerhin ist der Unterschied nicht so groß, daß daraus ein wesentlicher Vorteil des Milchschafs abgeleitet werden könnte.

Im Gegensatz zur Ziege bietet das Schaf einen zusätzlichen Nutzen als

Woll-Lieferant. Auch dieser Vorteil mag nicht sehr gewichtig sein, aber eines kommt zum anderen.

Der entscheidende Vorteil des Milchschafs gegenüber der Ziege liegt in seiner wesentlich größeren Anspruchslosigkeit. Durch seine dichte Wolle ist das Schaf weitgehend unempfindlich gegen Witterungs-Einflüsse; auch ein Hochleistungs-Milchschaf kann acht Monate im Jahr auf der Weide gehalten werden. Natürlich darf man sich nicht der Illusion hingeben, ein solches Hochleistungs-Milchschaf mit 600 Kilo Milchleistung ähnlich primitiv und praktisch wartungsfrei halten zu können wie ein reines Fleischschaf, aber es ist immer noch unempfindlicher als ausgesprochene Robust-Ziegenrassen (z. B. Nera Verzaska), die dann auch nur eine geringe Milchleistung haben.

Die Ziege ist kein Grasfresser wie das Schaf, sondern ein Laubfresser, was natürlich nicht bedeutet, daß sie Gras völlig verschmäht. Grundsätzlich aber läßt sich sagen, daß eine Ziege weitaus höhere Ansprüche an ein qualitätvolles und abwechslungsreiches Futter stellt als ein Schaf. Sie ist schlechter in der Lage, sich einen wesentlichen Teil des Futters auf der Weide zu suchen.

Ziegen sind berüchtigte „Wüstenmacher", die Strauchwerk und Büsche vernichten und selbst große Bäume zerstören, indem sie deren Rinde abnagen. Der Ziege wird zugeschrieben, daß praktisch der gesamte Mittelmeerraum waldlos geworden ist. Sie können sich also leicht vorstellen, was passiert, wenn Ihre Ziegen, die auf der Weide gehalten werden, ausbrechen und in die Gärten der Nachbarn einfallen. Sie daran zu hindern, ist aber äußerst schwierig. Schafe sind hinter einem vergleichsweise einfachen, 80 Zentimeter hohen Zaun sicher zu halten. Ziegen hingegen überspringen sogar einen doppelt so hohen Zaun! Es ist schon bemerkenswert, wie erfinderisch die intelligenten Ziegen sind, wenn es darum geht, eine schwache Stelle im Zaun zu finden!

Wenn Sie nun noch berücksichtigen, daß Ziegen auch hinsichtlich des Stalles weitaus anspruchsvoller sind als Schafe, werden Sie akzeptieren, daß Schafe wesentlich einfacher gehalten werden können.

Und noch ein Problem sei abschließend erwähnt: der Bock. Ein Schaf- oder Ziegenbock kann mindestens 60 weibliche Tiere decken. Da Selbstversorger nur wenige Tiere halten werden, ist ein Bock für sie höchst unwirtschaftlich. Ein Schafbock wird sicherlich irgendwo in der Nähe zu finden sein, der Weg zu einem Ziegenbock dürfte in den meisten Fällen wesentlich weiter sein. Ein Schafbock ergibt, wenn man ihn halten will, bei der Schlachtung noch brauchbares Fleisch und stinkt kaum, ein Ziegenbock stinkt bestialisch und sein Fleisch ist, wenn er geschlachtet wird, praktisch wertlos.

16

So viel zu dem Vergleich zwischen Schaf und Ziege. Wenn Sie sich dennoch näher über Ziegen informieren wollen: im gleichen Verlag ist ein sehr gutes Buch über Ziegenhaltung erschienen (siehe Literaturverzeichnis). Selbstversorger, die in der glücklichen Lage sind, auf ihrem Grundstück in Hausnähe einen Stall zu haben, in einer Gegend zu wohnen, in der keine Einwände gegen Nutztierhaltung geltend gemacht werden können und über eine ausreichende Anbaufläche bzw. Weideland zu verfügen, werden mehrere Tierarten halten. Wenn ohnehin ein täglicher Stalldienst erforderlich ist, können sie sich für die Milchversorgung zwischen Schaf und Ziege entscheiden, vielleicht auch für eine Kuh. Eine Kuh allerdings liefert weit mehr Milch, als in einer Selbstversorger-Familie verbraucht werden kann, und sie benötigt eine dementsprechend große Futterfläche. Außerdem steht sie jedes Jahr mehrere Wochen vor dem Kalben trocken, gibt also keine Milch. Das gilt im Prinzip auch für Ziege und Schaf, aber da wir davon mehrere Tiere halten, können wir durch Verschiebung des Decktermins erreichen, daß immer zumindest ein Tier Milch gibt. Eine Kuh dürfte nur in Ausnahmefällen die richtige Wahl für Selbstversorger sein.

Nachdem die Milchversorgung sichergestellt ist, kommen Hühner und ein Schwein an die Reihe. Huhn wie Schwein benötigen neben ihrem Hauptfutter zusätzliches Eiweiß, und dieses Eiweiß liefert uns in hervorragender Weise die entrahmte Magermilch, nachdem wir den Rahm zu diversen Molkereiprodukten weiterverarbeitet haben. Auf andere Weise wäre es kaum möglich, mit wirtschaftseigenen Mitteln das erforderliche Eiweiß zu beschaffen. Eine Milchtierhaltung ist zweifellos der wichtigste Schritt zur Ergänzung der rein vegetarischen Selbstversorgung, allerdings leider auch der weitaus arbeitsintensivste. Wie wohl hinreichend begründet wurde, ist selbst unter solchen idealen Nutztier-Haltungsbedingungen das Milchschaf für Selbstversorger der interessanteste Milchlieferant.

Es gibt übrigens als Sonderform zwischen der „normalen" Ernährung mit pflanzlichen und tierischen Nahrungsmitteln einerseits und einer rein vegetarischen Ernährung andererseits die sogenannte lacto-vegetabile Ernährung, bei der die Vegetabilien durch Molkereiprodukte ergänzt werden, auf Fleisch aber verzichtet wird. Tatsächlich können Molkereiprodukte derart vielseitig zubereitet werden, daß ein Verzicht auf Fleisch nicht als allzu großer Verlust empfunden wird.

Kommen wir aber zur Bedeutung des Schafes für Selbstversorger zurück, und zwar für jene Selbstversorger, die nicht in der glücklichen Lage sind, auf ihrem Hausgrundstück nach Belieben Nutztiere halten zu können. Sie werden auf ein milchgebendes Nutztier verzichten müssen und können sich auf ihrem Grundstück nicht einmal ein paar Hühner und Kaninchen halten

Für diese Selbstversorger wird das Schaf ebenfalls zum wichtigsten Nutztier, können sie doch irgendwo auf dem Land eine eingezäunte Weide pachten und dort Schafe halten, die sie nur gelegentlich besuchen müssen! Natürlich werden sie bei einer solchen Haltungsform eine robuste Primitivrasse wählen, aber auch diese liefert ihnen neben der Wolle eine angenehme Bereicherung ihres ansonsten vegetarischen Speiseplans durch das Lammfleisch. Um ebenso viel (fettarmes!) Fleisch essen zu können wie der Durchschnittsbürger, also pro Person knapp 100 Kilogramm im Jahr, sind für einen Selbstversorger-Haushalt mit vier Vollverpflegungs-Personen etwa zehn Schafe einer robusten Rasse erforderlich, die bei mittlerer Weidequalität eine Fläche von etwa einem Hektar (vier Morgen, 10 000 Quadratmeter) benötigen. Natürlich bedarf es einer besonderen Technik, um das Fleisch der im November/Dezember geschlachteten Lämmer so zu konservieren, daß es ein Jahr hält und außerdem möglichst abwechslungsreich schmeckt, aber darüber wird an anderer Stelle in diesem Buch die Rede sein.

Lassen Sie mich dieses Kapitel damit schließen, daß ich noch einmal feststelle: das Schaf ist das wichtigste Nutztier für Selbstversorger.

Entwicklung, Haltungsformen und Verbreitung der Schafrassen

Es steht nicht eindeutig fest, von welchen Wildschaf-Rassen unsere Hausschafe abstammen. Allgemein wird angenommen, daß der in den asiatischen Steppen und früher auch in Osteuropa lebende Arkal gemeinsam mit dem Mufflon entscheidenden Anteil an der Entstehung der meisten unserer Hausschaf-Rassen hat, jedoch dürften auch noch andere Wildschafe beteiligt gewesen sein. Der Mufflon stammt von Korsika, wurde aber auch bei uns ausgesetzt und ist in manchen Teilen von Mitteleuropa, auch in Deutschland, heimisch geworden. Zuweilen kommt es vor, daß ein Muffelwidder auf einsamer Weide gehaltene Hausschafe deckt. Das Fell des Mufflons ist kurzhaarig und dunkelbraun, der Widder sollte einen weißen Sattelfleck haben, der aber zuweilen durch Vermischung mit Hausschafen verloren gegangen ist. Auffällig sind die gewaltigen Hornschnecken des Widders.

Die ältesten Funde domestizierter Schafe stammen aus dem nördlichen Irak, aus Kurdistan, und wurden auf die Zeit von 9000 v. Chr. datiert. Damit wäre das Schaf das älteste Haustier überhaupt, älter noch als Ziege und Hund. Die Domestikation und damit auch die Veränderung gegenüber den Ausgangs-Rassen hat sich allmählich vollzogen.

Einst wurden die Schafe wohl nur als Schlachttiere gehalten. Entscheidenden Einfluß auf ihre Bedeutung für den Menschen und damit ihre Verbreitung hatte die als Mutation aufgetretene Ausbildung der lang- und feinhaarigen Wolle, die ihre Krönung in den Merinoschafen gefunden hat. Mehr über die Wolle und ihre Bedeutung, insbesondere für unsere Vorfahren, wird an anderer Stelle zu berichten sein.

Eine andere Mutation spielt wohl bei unseren europäischen Schafrassen keine Rolle, hat aber auf die Ausbreitung der Schafe gleichfalls einen großen Einfluß gehabt: der Fettschwanz afrikanisch-asiatischer Rassen. Diese Schafe können durch ihren im Fettschwanz angelagerten Nährstoff-Vorrat längere Zeit ohne Futter auskommen, ähnlich wie Kamele. Dadurch wurde ihre Haltung auch in jenen Regionen möglich, in denen die Vegetation nur in Verbindung mit der Regenzeit grünt und über längere Zeiträume Nahrungsmangel herrscht. Zu den Fettschwanzschafen gehört auch das Karakulschaf, von dessen Lämmern der Persianer-Pelz stammt.

Die für uns interessante Mutation zum Wollschaf ist vermutlich erstmals in Vorderasien erfolgt. Durch die Römer kamen die ersten Wollschafe nach Spanien, wo sie über viele Jahrhunderte hinweg gezielt in ihrer Wollfeinheit züchterisch verbessert wurden. Das ging so weit, daß Spanien schließlich ein Monopol auf feinste Wolle hatte; im Mittelalter war deshalb zwei Jahrhunderte lang die Ausfuhr von Merinoschafen bei Todesstrafe verboten. Da die Wolle damals viel wichtiger als der Fleischertrag war, sind spanische Merinoschafe irgendwann einmal bei den meisten unserer Hausschafrassen eingekreuzt worden. Spanische Merinos hatten entscheidenden Anteil daran, daß auch in Frankreich und im deutschsprachigen Raum schließlich Schafe mit ähnlichen Wollqualitäten gezüchtet werden konnten wie in Spanien, vor allem durch das Elektoralschaf und das Rambouillet-Schaf, aber auch andere. Die extrem feinwolligen Schafe hatten nur einen Wollertrag von rund einem Kilogramm. Als die verbesserte Technik im 19. Jahrhundert das Verspinnen gröberer und langhaariger Wolle ermöglichte (Kammgarnspinnerei), wurde der Schwerpunkt von der Qualität, also von extrem feiner Wolle, zur Quantität verlagert und der Ertrag auf mehr als fünf Kilogramm gesteigert. Gleichzeitig fand die Fleischnutzung stärkere Beachtung. Heute ist der Fleischertrag mit mindestens 90 Prozent der Erlöse aus der Schafhaltung weitaus wichtiger als der Wollertrag.

Während also die Wollqualität durch Spanien entscheidend beeinflußt wurde, hat England entscheidende Impulse für gute Schlachtkörper-Qualität und hohen Fleischertrag beigesteuert. Viele weißköpfige Fleischschafrassen lassen einen starken Einfluß des Leicester-Schafes erkennen, schwarzköpfige Fleischschafrassen gehen zum erheblichen Teil auf das Southdown-Schaf zurück.

Weltweit werden heute weit über eine Milliarde Schafe gehalten, die meisten in der UdSSR, in Australien, in China und in Neuseeland. Schätzungen zufolge liefern sie über sieben Millionen Tonnen Fleisch jährlich, dazu 1,5 Millionen Tonnen Wolle. Nur von einem vergleichsweise sehr kleinen Teil des Welt-Schafbestands wird Milch gewonnen, und nur ein Teil dieser Milch wird zu Käse verarbeitet. Dennoch werden jährlich immerhin 350 000 Tonnen Schafskäse erzeugt! Das sind wirklich eindrucksvolle Zahlen. Bemerkenswert ist dabei, daß Schafe überwiegend dort gehalten werden, wo kein anderes Nutztier bei der dürftigen Weide oder den klimatischen Verhältnissen gedeihen könnte.

In Europa (ohne UdSSR) gibt es rund 125 Millionen Schafe. Mit weitem Abstand führt Großbritannien (30 Millionen Schafe) vor Frankreich (12 Millionen), Italien (9 Millionen) und Irland (4 Millionen). In Deutschland gibt es heute wieder mehr als 1,5 Millionen Schafe bei steigender Tendenz, nachdem 1966 ein Tiefstand von nur 800 000 Schafen erreicht war.

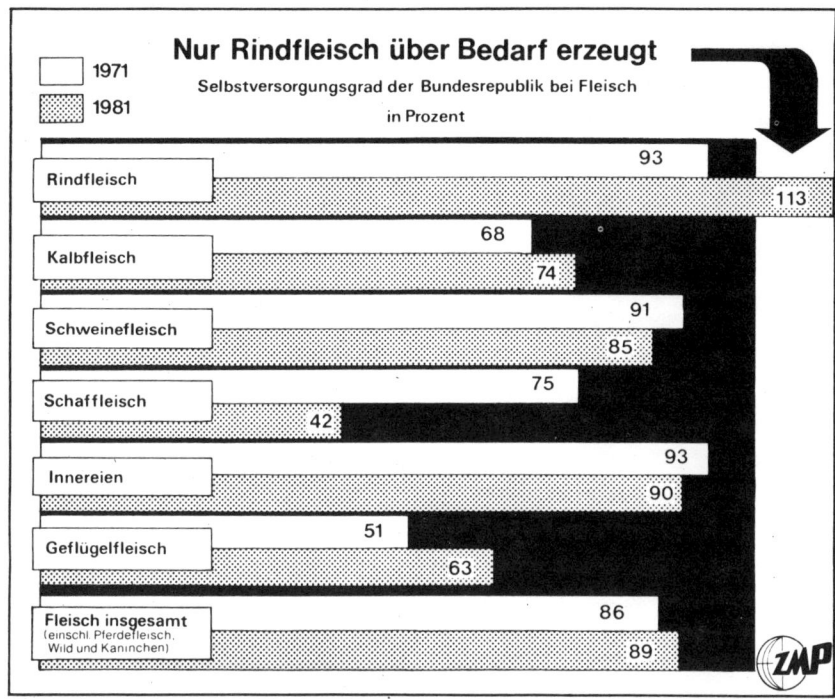

Nur Rindfleisch über Bedarf erzeugt

Selbstversorgungsgrad der Bundesrepublik bei Fleisch
in Prozent

1971
1981

Rindfleisch	93	113
Kalbfleisch	68	74
Schweinefleisch	91	85
Schaffleisch	75	42
Innereien	93	90
Geflügelfleisch	51	63
Fleisch insgesamt (einschl. Pferdefleisch, Wild und Kaninchen)	86	89

Selbstversorgung der Bundesrepublik an Fleisch (Bedarf = 100). Die Eigenerzeugung ist bei Schaffleisch am geringsten *(Quelle: »Deutsche Schafzucht«).*

Die absolute Zahl der Schafe sagt erst dann etwas über die Bedeutung der Schafhaltung für ein Land aus, wenn sie in das Verhältnis zu dessen Fläche und der Zahl der Einwohner gesetzt wird. In England gibt es mehr als ein Schaf pro Hektar, in Irland 0,6 Schafe, in Italien 0,3 und in Frankreich 0,2. In Deutschland sind es 6 Schafe pro 100 Hektar, oder 0,06 Schafe pro Hektar.

In Irland gibt es mehr Schafe als Menschen, nämlich 1,5 Schafe pro Kopf der Bevölkerung! Danach kommt Großbritannien (0,5), Frankreich (0,2) und Italien (0,15). In Deutschland sind es zwei Schafe pro 100 Einwohner, also 0,02 pro Nase.

Wo es viele Schafe gibt, wird auch viel Schaffleisch gegessen. So sind es in Irland mehr als 10 Kilogramm pro Kopf und Jahr, in Großbritannien 8 Kilogramm, in Frankreich 4 und in Deutschland weniger als ein Kilogramm! Wenn man bedenkt, daß einerseits zahlreiche Gastarbeiter, die gern Schaffleisch essen, diesen Durchschnittsverbrauch beeinflussen, andererseits jeder Bundesbürger neben dem bißchen Schaffleisch mehr als

21

90 Kilogramm an Geflügel-, Schweine- und Rindfleisch verputzt, dann wird klar, daß Schaffleisch bei uns keine große Geltung hat. Warum das so ist und ob die Vorurteile gegen Schaffleisch zutreffen, werden wir noch untersuchen.

Trotz unseres geringen Schaffleisch-Konsums können wir unseren Bedarf nicht annähernd decken; das meiste Schaffleisch müssen wir importieren. Früher gab es in Deutschland viel mehr Schafe als heute. Anfang des vorigen Jahrhunderts waren es immerhin 28 Millionen. Nur 100 Jahre später, nach dem ersten Weltkrieg, waren es lediglich 6 Millionen. Mittlerweile wurden in Ländern wie Australien Schafe extensiv in großer Zahl gehalten, deren Wolle billiger auf dem Weltmarkt angeboten werden konnte. Hinzu kam eine Verbesserung der Transportwege und eine wachsende Konkurrenz durch die Baumwolle. Da der Wollertrag damals aber entscheidend für die wirtschaftliche Schafhaltung war, konnten immer weniger Schafhalter noch einen Gewinn erzielen.

Während die Preise für die Wolle zurückgingen, stiegen die Preise für die Nahrungsmittel wegen der wachsenden Bevölkerung, die mit dem Beginn des Industriezeitalters in die Städte drängte. Gleichzeitig begann die Mechanisierung der Landwirtschaft, ab 1920 kamen die Kunstdünger (künstlicher Stickstoff durch die Haber-Bosch-Synthese). Das alles führte dazu, daß Böden, die lange Zeit der Nutzung durch Schafe vorbehalten waren, jetzt anderweitig landwirtschaftlich genutzt werden konnten und einen höheren Ertrag brachten. Die Zahl der Schafe verringerte sich also immer mehr – 1948, also nach dem Zweiten Weltkrieg, waren es noch 2,5 Millionen. Damals, als die Selbstversorgung für viele Menschen eine Ernährungs-Grundlage war, gab es übrigens bei uns die höchst eindrucksvolle Zahl von fast 1,5 Millionen Ziegen; über den damaligen Bestand an Milchschafen liegen dem Autor leider keine konkreten Zahlen vor. Heute ist die Zahl der Ziegen auf 40 000 zurückgegangen.

Zu den bisherigen Faktoren, die die Schafhaltung negativ beeinflußten, kam nach dem Zweiten Weltkrieg zusätzlich ein überproportionaler Anstieg der Lohnkosten. Die traditionelle Form der Schafhaltung ist die gehütete Herde. Im Gegensatz zu fast allen anderen Formen der Landwirtschaft ist eine Mechanisierung bei der Hütehaltung kaum möglich; die Zahl der in einer Herde gehaltenen Schafe kann auch nicht zur Senkung des Lohnkosten-Anteils pro Schaf beliebig vergrößert werden, da ein Schäfer mehr als 200 bis 300 Schafe nicht zu hüten vermag.

Der Rückgang auf den Tiefstand von 1966 mit 800 000 Schafen war also verständlich und hätte sich zwangsläufig auch noch weiter fortgesetzt, wenn nicht andere Betriebsformen gefunden worden wären, die es ermöglichten, ohne die Lohnkosten für einen Schäfer auszukommen.

22

Die gehütete Herde der Wanderschäferei ist die traditionelle Form der Schafhaltung, aber immer seltener zu finden.

Natürlich beeinflussen einige große Herden einer bestimmten Schafrasse die Statistik viel stärker als Kleinbetriebe, in denen nur wenige Schafe einer anderen Rasse gehalten werden. Potentielle Selbstversorger können also nicht von der Annahme ausgehen, daß die häufigsten Schafrassen auch die für ihre Zwecke besten sind. Manche im Kleinbetrieb durchaus erwünschte Eigenschaften bringen bei der Wanderschafhaltung durch einen Schäfer erhebliche Probleme und sind deshalb weit weniger erstrebenswert. So führt eine hohe Fruchtbarkeit dazu, daß die Lämmer bei der Geburt kleiner und schwächer sind und der Herde vielleicht nicht zu folgen vermögen, oder daß bei drei und mehr Lämmern der Schäfer sie künstlich aufziehen muß.

Selbst wenn ein Herdenbesitzer zu der Ansicht käme, daß eine andere Rasse vorteilhafter wäre, hätte er Probleme bei der Umstellung. Er müßte ja dann seine gesamte Herde erneuern, und die Differenz zwischen dem Wert eines guten Mutterschafs und dessen Schlachtwert ist beträchtlich. Rund zwei Drittel des gesamten Schafbestands in Deutschland entfallen

auf die Herden-Haltung, jeweils etwa zu gleichen Teilen auf die Wander-
herden und die stationär gehüteten Herden. Die in diesen Herden gehaltenen Rassen sind deshalb mit Abstand am stärksten vertreten.

Die Wander-Schafhaltung ist vor allem in Süd- und Westdeutschland
(Bayern, Hessen, Baden-Württemberg, Rheinland-Pfalz, Saarland) noch
recht häufig. Bei der stationären Hütehaltung werden die Schafe nachein-
ander auf den dazu geeigneten Flächen eines relativ kleinen Gebietes ge-
hütet, etwa einem größeren landwirtschaftlichen Betrieb oder auf Lände-
reien einer Gemeinde. Für den Schäfer ist das viel angenehmer als die
Wanderschäferei, kann er doch abends, wenn er seine Herde gepfercht
hat, zuhause schlafen und ein ganz normales Familienleben führen.

Schafhaltung als Vollerwerb ist nur dann lohnend, wenn die Kosten niedrig
gehalten werden können. Die größten Kostenfaktoren sind der Schäfer-
lohn und die Pacht für die Weideflächen und zum Anbau des Winterfutters.
Im Rahmen der Landschaftspflege wird immer häufiger die Schafhaltung
gefördert, indem Sozialbrache kostenlos beweidet werden darf; zuweilen
gibt es dafür sogar einen Zuschuß. Oft hat sich die Beweidung durch
Schafe als die beste und billigste Form der Landschaftspflege erwiesen.
Bei der Deichschäferei halten Schafe das Gras auf den Deichen kurz und
festigen den Boden durch ihren Tritt.

Dennoch dürfte die Herdenhaltung durch Schäfer noch weiter zurückgehen, insbesondere die Wanderschäferei. Bei der standortgebundenen
Herdenhaltung dürfte der Schäfer durch den Koppelzaun ersetzt werden.
Die Koppelhaltung ist zweifellos die zukunftsreichste Form der Schafhaltung in Deutschland. Die Schafe weiden ohne Aufsicht auf einer eingezäunten Fläche, der Koppel. Ein Schäfer ist nicht mehr erforderlich, allerdings sind nicht nur die Kosten für den Zaun zu berücksichtigen, sondern
die Schafhaltung tritt jetzt in Konkurrenz zu anderen Formen landwirt-
schaftlicher Nutzung, da die gezielte Beweidung voneinander entfernter,
anderweitig nicht nutzbarer Flächen nun nicht mehr möglich ist. Modell-
rechnungen haben jedoch bewiesen, daß die Koppelschafhaltung auf guten Weiden den Vergleich mit anderen Formen der landwirtschaftlichen
Nutzung nicht zu scheuen braucht.

Bei der Koppelhaltung gibt es an sich keine Obergrenze für die Herdengrö-
ße, wie bei den gehüteten Herden. Da aber bei mittlerer Weidequalität etwa
zehn Schafe einen Hektar beanspruchen, ergibt sich für eine Herde von
300 Mutterschafen ein Bedarf von 30 Hektar an eingezäunter Fläche. Das
ist schon die Größe eines recht ordentlichen Bauernhofs.

In erster Linie eignet sich die Koppelhaltung für kleinere Schafbestände;
die durchschnittliche Bestandsgröße liegt bei 15 Schafen. Bei bis zu vier
Schafen spricht man von einer Einzelschafhaltung.

Auch bei der Einzelschafhaltung handelt es sich in den meisten Fällen um eine Koppelhaltung; die einzige Alternative für die Haltung einiger weniger Schafe ist die Anbindehaltung, das sogenannte Tüdern. Wenn die Schafe frühzeitig daran gewöhnt werden, lassen sie sich problemlos tüdern. Würde man sie einfach an einem Pflock festbinden, könnten sie nur eine kreisrunde Fläche im Radius des Anbindeseils beweiden, was eine Aufteilung der Weidefläche erschwert.

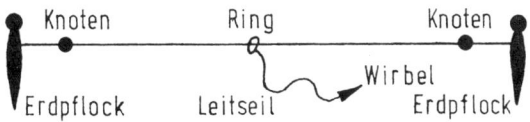

Tüdervorrichtung *(Quelle: Philler-Verlag).*

Bei dem Tüdern wird ein Laufseil in beliebiger Länge gespannt, entweder dicht am Boden oder oberhalb der Kopfhöhe der Schafe. Laufseil und Schaf sind durch das eigentliche Anbindeseil verbunden, wobei das Anbindeseil über einen Ring am Laufseil bewegt wird. Am Ring und am Halsband des Schafes befindet sich jeweils ein Wirbel, damit sich das Anbindeseil nicht verdrehen kann. Da auch das Anbindeseil in der Länge beliebig gewählt werden kann, ist es möglich, den Schafen jeweils sehr exakt eine bestimmte Weidefläche zuzuteilen. Natürlich muß jedes Schaf getrennt getüdert werden.

Wie erwähnt werden rund zwei Drittel des deutschen Schafbestandes in gehüteten Herden gehalten; bereits ein Drittel entfällt demnach auf die schäferlose Haltung hinter einem Zaun; die Anbindehaltung fällt prozentual nicht ins Gewicht.

Nur etwa zehn Prozent des Schafbestands entfallen auf die Einzelschafhaltung, also auf Betriebe mit bis zu vier Schafen; doppelt so viel Schafe – rund 20 Prozent – entfallen auf die Koppelhaltung mit durchschnittlich 15 Schafen. Selbstversorger werden wohl überwiegend Einzelschafhaltung betreiben. Dabei sind sie in zahlreicher Gesellschaft: fast drei Viertel aller Schafhalter sind solche mit Einzelschafhaltung, nicht einmal fünf Prozent sind Herdenbesitzer, so daß rund 20 Prozent Betriebe mit Koppelschafhaltung sind. Knapp fünf Prozent aller Schafhalter besitzen also etwa 70 Prozent des gesamten deutschen Schafbestands!

Wenn sich die Zahl der in Deutschland gehaltenen Schafe seit 1966 verdoppelt hat, dann ist das ein Verdienst der Kleinbetriebe mit Einzel- und Koppelschafhaltung, mit denen wir uns in diesem Buch befassen.

Betrachten wir uns nun die in Deutschland verbreiteten Schafrassen etwas näher. Viele potentielle Selbstversorger, die mit dem Gedanken einer Schafhaltung spielen, sind der Meinung, Schaf sei gleich Schaf; allenfalls dem Milchschaf wird wegen seiner Milchleistung noch ein Sonderstatus zugebilligt. Tatsächlich aber gibt es einige Rassen, die für eine stationäre Haltung in Kleinbetrieben besser geeignet sind als andere, da bei ihnen keine Berücksichtigung der Eigenarten der Wanderschafhaltung erforderlich ist. Es ist also gewiß nicht falsch, sich rechtzeitig Gedanken darüber zu machen, welche Rasse besonders geeignet für die vorgesehenen Haltungsbedingungen ist. Berücksichtigt werden sollten allerdings unter Umständen auch bestimmte lokale Verhältnisse. Steht nur eine karge Weide zur Verfügung, mag eine Robustrasse auch für einen Kleinbetrieb zweckmäßig sein; eine Bockhaltung ist bei nur einigen wenigen Schafen unwirtschaftlich, deshalb sollte in der Nachbarschaft ein Bock der geeigneten Rasse vorhanden sein.

Natürlich können auch Mischlinge aus zwei oder gar mehr Rassen hervorragende Leistungen erbringen (nur die Laktationsleistung des Milchschafes wird durch jede Fremdeinkreuzung verschlechtert). Mit der Möglichkeit, gezielt bestimmte Eigenschaften züchterisch zu fördern, werden wir uns noch befassen. Für den Anfänger ist es jedoch ratsam, sich zunächst einmal an eine bestimmte Rasse mit erblich gefestigten und damit bekannten und voraussehbaren Eigenschaften zu halten, als sich mit Kreuzungsexperimenten ungewissen Ausgangs zu befassen.

Wenn wir die Laktationsleistung des Milchschafes beiseite lassen, dann hängt die Wirtschaftlichkeit der Schafhaltung fast ausschließlich vom Fleischertrag ab, also von der Zahl der Lämmer pro Mutterschaf, die aufgezogen werden, und von deren Schlachtgewicht sowie ihrer Schlachtkörper-Qualität. Unter der Schlachtkörper-Qualität versteht man die besonders gute Ausbildung wertbestimmender Körperteile, also von Keulen und Rücken. Es ist naheliegend, daß Keulen oder Rücken einen wesentlich besseren Kilopreis erbringen als etwa praktisch wertloses Bauchfleisch, so daß auch bei gleichem Schlachtgewicht die erzielbaren Preise sich entsprechend unterscheiden.

Für den Fleischertrag gibt es die drei berühmten und den Erfolg bestimmenden „F": Frühreife, Fruchtbarkeit und Frohwüchsigkeit, auf die noch zurückzukommen sein wird. Bei der Herdenhaltung werden Schafe üblicherweise erstmals im Alter von 18 Monaten gedeckt. Ein Schaf trägt fünf Monate. Sollen die Lämmer nicht im Winterstall mit teurem Futter ernährt werden, ist es zweckmäßig, die Schafe im September/Oktober decken zu lassen. Die Lämmer werden dann im Februar/März geboren und verbringen noch einige Wochen als Säuglämmer geschützt im Stall, so daß sie mit

26

dem Beginn des Weidegangs im April kräftig genug sind. Das ist insbesondere bei einem hohen Anteil von Mehrlingsgeburten wichtig, da die Mehrlingslämmer schwächer als Einzellämmer sind.

Ein Schaf, das durch etwas bessere Frühreife bereits mit 12 Monaten gedeckt werden kann, würde im Frühjahr gedeckt werden (wenn es selbst ein Frühjahrslamm war) und fünf Monate später, also im Juli/August, lammen. Das aber bedeutet, daß das Lamm bei der Aufstallung im Dezember/Januar einerseits noch kein befriedigendes Schlachtgewicht hat, andererseits im Stall ausschließlich mit teurem Winterfutter ernährt werden muß. Sinnvoll wäre das allenfalls, wenn man die Mehrkosten später durch den Verkauf von Osterlämmern zu einem entsprechend höheren Preis wieder hereinholen könnte, aber das ist nur selten möglich.

Ausgesprochen wertvoll ist demgegenüber eine extreme Frühreife, die es erlaubt, Jungschafe erstmals im Alter von maximal sieben Monaten zuzulassen. Immerhin gewinnt man dadurch ein volles Jahr.

Der wichtigste Faktor für die Beeinflussung eines hohen Fleischertrags ist die Fruchtbarkeit, also die durchschnittliche Zahl der Lämmer pro Mutterschaf, angegeben in Prozent, bezogen auf den Mutterschafbestand. In einem Kleinbetrieb mit nur wenigen Schafen ist eine Ablammquote von 200 Prozent durchaus erreichbar, das bedeutet doppelt so viele Lämmer wie Mutterschafe. Die Anlage zur Fruchtbarkeit ist ebenso wie die zur Frühreife erblich.

Unter Frohwüchsigkeit schließlich versteht man die Eigenschaft, Futter rasch in Körpergewicht umzusetzen. Frühjahrslämmer sollten im Spätherbst, wenn sie geschlachtet werden, nicht unter 50 Kilogramm wiegen. Diese Forderung erfüllen allerdings auch die bei der Herdenhaltung üblichen Schafrassen. (Siehe auch Tabelle 1 im Anhang).

1. RASSEN FÜR DIE HERDENHALTUNG

1.1 Merino-Schafe

Noch immer haben die Merino-Schafe eine vergleichsweise hochwertige Wolle. Zwei getrennte Zuchtrichtungen werden geführt: das Merino-Fleischschaf und das Merino-Landschaf. Das Merino-Fleischschaf wurde ab 1860 durch die Einkreuzung französischer Fleischschafe entwickelt. Es hat eine gute Schlachtkörperqualität und kann unter günstigen Bedingungen erstmals ab 12 Monaten gedeckt werden. Seine Fruchtbarkeit ist mit 160–190 Prozent recht gut, ebenso seine Frohwüchsigkeit. Obwohl es etwas besser abschneidet als das sonst noch immer recht ähnliche Merino-Landschaf, liegt sein Anteil am deutschen Schafbestand nur bei etwa drei Prozent; es ist vor allem in Niedersachsen zu finden. Das Merino-Landschaf ist im vorigen Jahrhundert durch Einkreuzung robuster Landschafrassen entstanden, später wurden auch Merino-Fleischschafe zur Verbesserung der Schlachtkörper-Qualität eingekreuzt. Es ist besonders für die Wanderschäferei geeignet und vor allem in Süddeutschland zu finden, wo fast alle Herden aus Merino-Landschafen bestehen. Mit rund 40 Prozent Anteil am Gesamtschafbestand ist es das bei uns häufigste Schaf. Auch es kann unter günstigen Umständen mit 12 Monaten gedeckt werden; die Fruchtbarkeit wird mit 120 – 180 Prozent angegeben.

Merino-Fleischschaf-Bock.

Schwarzkopf-Mutterschafe mit Lämmern.

1.2 Deutsches schwarzköpfiges Fleischschaf

Die Schwarzköpfe sind durch ihren dunklen Kopf und die gleichfalls dunklen Beine gut zu erkennen. Sie wurden auf der Basis englischer Fleischschafe gezüchtet und haben eine sehr gute Schlachtkörper-Qualität, ansonsten entsprechen die Ertragsleistungen weitgehend jenen des Merino-Landschafs. Das ist auch verständlich, denn etwa ab Hessen lösen die Schwarzköpfe in den Herden die Merinos ab. Mit reichlich 25 Prozent sind sie die zweithäufigste deutsche Schafrasse.

2. FÜR KLEINBETRIEBE BESONDERS GEEIGNETE RASSEN

2.1 Deutsches weißköpfiges Fleischschaf

Die Weißköpfe werden etwas größer und schwerer als die bisher beschriebenen Rassen und sind im 19. Jahrhundert durch die Einkreuzung englischer Fleischschafe in bodenständige Rassen der Nordseeküste entstanden. In jüngerer Zeit wurde versucht, die Schlachtkörper-Qualität durch Einkreuzung von Texel-Schafen und französischen Fleischschafen weiter zu verbessern. Mit rund zehn Prozent Anteil am deutschen Schafbestand ist das weißköpfige Fleischschaf recht gut vertreten und vor allem in Norddeutschland zu finden.

Für Kleinbetriebe ist das weißköpfige Fleischschaf besonders interessant durch seine gute Fruchtbarkeit (180 – 200 Prozent) und seine Frohwüchsigkeit, vor allem aber durch seine Frühreife: Jungschafe können erstmals mit 6 – 7 Monaten gedeckt werden.

Frisch geschorene Weißköpfe mit sehr kurz kupierten Schwänzen.

2.2 Deutsches Texelschaf

Lange Zeit wurde auf der holländischen Insel Texel das dortige Schaf rein gezüchtet, erst um 1845 wurden vorübergehend englische Fleischschafe eingekreuzt. Die besondere Stärke des Texelschafs ist seine unübertroffene Schlachtkörper-Qualität; obwohl es erst 1962 nach Deutschland eingeführt wurde, hat es an unserem Schafbestand fast einen Anteil von zehn Prozent erreicht und ist überall in der Bundesrepublik zu finden. Aus den importierten Beständen wurde das Deutsche Texelschaf entwickelt.
Die Fruchtbarkeit des Texelschafs wird mit 150 – 200 Prozent angegeben, es kann erstmals mit 7 – 9 Monaten gedeckt werden, erreicht aber nicht ganz das Gewicht der weißköpfigen Fleischschafe. Äußerlich unterscheidet sich das Texelschaf von den meisten anderen Rassen durch seinen schopflosen weißen Kopf.

Texelschafe haben sich sehr rasch durchsetzen können.

2.3 Milchschaf

Zweifellos ist das Milchschaf ein „Universalgenie" und für Selbstversorger wie keine andere Rasse geeignet. Abgesehen von der Schlachtkörper-Qualität, die allerdings in den letzten Jahren erheblich verbessert wurde, übertrifft das Milchschaf die Schafe anderer Rassen in fast jeder Hinsicht. Es ist also keineswegs nur wegen seiner Laktationsleistung empfehlenswert. Auch Selbstversorger, die (noch) nicht die Milchleistung nutzen wollen, sind gut beraten, wenn sie Milchschafe halten; wird nicht gemolken; versiegt wie bei allen anderen Schafen der Milchfluß irgendwann mit dem Heranwachsen der Lämmer. Man hat aber immer die Möglichkeit der Milchgewinnung, wenn man sich später doch dazu entschließen sollte.

Das Milchschaf ist extrem frohwüchsig und ebenso extrem frühreif – es kann mit sechs Monaten erstmals gedeckt werden. Seine Fruchtbarkeit übertrifft die aller anderen Rassen: sie beträgt 200 – 230 Prozent, es werden mehr Drillings- als Einzellämmer geboren, zuweilen auch Vierlingslämmer!

Wie das weißköpfige Fleischschaf ist auch das Milchschaf aus den alten Marschschafen der deutschen Nordseeküste hervorgegangen. Seine ursprüngliche Heimat ist Ostfriesland. In Unterlagen aus dem Jahr 1530, die in den vatikanischen Archiven gefunden wurden (Descriptis Frisiae), wird

Milchschafe sind für Selbstversorger die interessanteste Rasse.

es bereits als besonders groß und fruchtbar erwähnt – von bis zu fünf Lämmern wird berichtet!

Von Ostfriesland aus hat das Milchschaf Verbreitung in der ganzen Welt gefunden, wo es entweder rein gezüchtet oder in dort heimische Rassen eingekreuzt wird. In Deutschland hat sich der Schwerpunkt seiner Zucht und Haltung auf das Rheinland und Westfalen verlagert.

Milchschafe sind weißköpfig und schopflos und haben einen auffallend langen, schmalen Kopf, der ebenso wie die Beine kurz behaart ist. Überwiegend sind die Milchschafe weiß, es gibt aber auch einen schwarzen Farbschlag. So interessant diese Variante zunächst zu sein scheint, kann sie doch vom Ertrag her nicht ganz die Leistungen des weißen Milchschafs erreichen. Die Milchmenge erreicht allenfalls Durchschnittswerte, der Fettgehalt bleibt unter dem Durchschnitt, vor allem aber liegt der Fleischertrag um bis zu 20 Kilogramm (Schwintzer) unter jenem der weißen Milchschafe, die folgerichtig rund 95 Prozent des Milchschaf-Bestandes stellen. Da die weiße Farbe sich dominant vererbt, führen viele weiße Milchschafe ein verdecktes Schwarzgen, so daß nach vielen Generationen von weißen Milchschafen plötzlich ein schwarzes Lamm geboren werden kann. Schwarze Milchschafe sind stets reinerbig.

Es wird oft behauptet, Milchschafe seien nicht zur Herdenhaltung geeignet. Dem steht entgegen, daß in manchen süddeutschen Ländern größere

Milchschafe mit Lämmern.

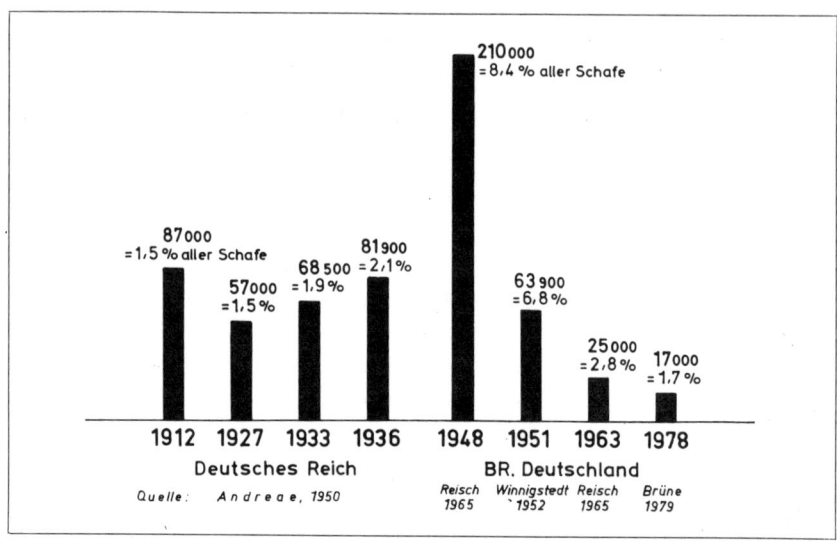

210000
= 8,4 % aller Schafe

87000
= 1,5 % aller Schafe

81900
= 2,1 %

68500 = 1,9 %

57000
= 1,5 %

63900
= 6,8 %

25000
= 2,8 %

17000
= 1,7 %

| 1912 | 1927 | 1933 | 1936 | 1948 | 1951 | 1963 | 1978 |

Deutsches Reich

BR. Deutschland

Quelle: A n d r e a e, 1950

Reisch   Winnigstedt Reisch   Brüne
1965   1952   1965   1979

Bestandsentwicklung der Milchschafe in Deutschland. Die Zahlen für die Jahre nach 1978 fehlen, die Tendenz ist leicht steigend *(Quelle: »Deutsche Schafzucht«, 9/82).*

Herden gehalten und maschinell gemolken werden. Allerdings ist in Kleinbetrieben der Ertrag höher. Bei uns wird jedenfalls das Milchschaf ausschließlich in Kleinbetrieben gehalten, was der entscheidende Grund dafür ist, daß es am deutschen Schafbestand nur mit drei Prozent beteiligt ist.

3. LANDSCHAF-RASSEN

Da die Bedeutung aller dieser Rassen gering ist und sie für Selbstversorger wohl nur in Ausnahmefällen in Betracht kommen, seien lediglich die Heidschnucken als die mit 1,5 Prozent häufigste Rasse beschrieben.
Die Heidschnucken sind die kleinste deutsche Schafrasse und erreichen nur etwa das halbe Gewicht der üblichen Nutzschafrassen. Bemerkenswert ist ihr uriges Aussehen: graue, grobe Wolle, schwarzer Kopf und schwarze Beine, beide Geschlechter tragen Hörner, die bei dem Widder zu Schnecken wie bei dem Mufflon gedreht sind. Es gibt auch eine seltene weiße Variante, mit und ohne Hörner. Heidschnucken werden im Alter von 18 Monaten erstmals gedeckt; ihre Fruchtbarkeit ist mit 110 Prozent gering. Wenn es nicht gilt, ihre extreme Härte und Anspruchslosigkeit auszu-

34

Unverwechselbar: Heidschnuckenwidder mit mächtigen Schnecken.

nutzen, kommen Heidschnucken allenfalls für eine Hobby-Haltung in Frage.

Von den anderen Landschafrassen seien erwähnt:
- Das Leineschaf aus Niedersachsen mit befriedigendem Fleischertrag
- das schwarzköpfige Rhönschaf, dem ein guter Kompromiß zwischen Anspruchslosigkeit und Fleischertrag nachgesagt wird
- das Bergschaf mit guter Fruchtbarkeit und Frühreife, aber geringem Fleischertrag, erkennbar an seinen Hängeohren
- das Bentheimer Landschaf aus dem Emsland, hochbeinig, leicht und sehr selten.

35

Nur regional verbreitet und selten: Rhönschafe.

Noch seltener und nur im Emsland zu finden: Bentheimer Landschaf.

Vom Nutzen der Schafhaltung

Die wohl wichtigste Frage für Selbstversorger mit der Absicht, Schafe zu halten, ist der zu erwartende Nutzen. Die in diesem Kapitel genannten Zahlen dürfen Sie getrost zur Grundlage Ihrer Ertrags-Erwartung machen. Es handelt sich um gehobene Durchschnittswerte, die in einem Kleinbetrieb mit nur wenigen Schafen viel leichter zu erreichen sind als bei der Herdenhaltung eines Großbetriebs. Durch die Wahl geeigneter Rassen und gute Haltungsbedingungen, aber auch durch konsequente Selektion und das Ausmerzen aller Tiere, die hinter den Erwartungen zurückbleiben, sind beste Voraussetzungen für überdurchschnittliche Leistungen gegeben.

Es ist allerdings nicht sinnvoll, den Dingen einfach ihren Lauf zu lassen und sich unrealistischen Hoffnungen hinzugeben. Solange Schafhaltung nicht nur als Hobby betrieben wird, sondern ihr Nutzen im Vordergrund steht, müssen wir bestrebt sein, diesen Nutzen nach klaren Zielvorstellungen zu optimieren.

Betrachten wir uns zunächst einmal den Nutzen aus der Milchleistung, auch wenn er nur bei der Haltung von Milchschafen eine entscheidende Rolle spielt. Wohl können auch Schafe anderer Rassen gemolken werden. Wird im zweiten Monat nach der Lammung mit dem Melken begonnen, so daß der Milchfluß nicht mit dem Abnehmen der Saugleistung des Lammes zurückgeht, können wir die Laktationsperiode erheblich verlängern. Rechnet man den Milchbedarf der Lämmer einmal grob mit 100 Kilogramm, können zumindest von den für Selbstversorger besonders geeigneten Rassen noch zusätzlich 150 bis 200 Kilogramm ermolken werden. Es ist ebenso leicht – oder schwer, ganz nach Ansicht, das Schaf einer anderen Rasse an das Melken zu gewöhnen wie das Milchschaf.

Diese grundsätzliche Überlegung kann nicht darüber hinwegtäuschen, daß das Milchschaf die einzig richtige Wahl ist, wenn es um die Milchnutzung geht. Es ist seit Jahrhunderten auf Milchüberschuß gezüchtet worden und sollte eine Leistung von 600 Kilogramm erbringen. Zieht man den Bedarf der Lämmer bei natürlicher Aufzucht davon ab, verbleiben immerhin 500 Kilogramm Milch pro Schaf und Jahr – etwa das Dreifache dessen, was wir von dem Schaf einer anderen Rasse erwarten dürfen. Dabei sind diese 600 Kilogramm lediglich guter Durchschnitt; Spitzentiere können bis zur doppelten Leistung erbringen, aber dazu sind neben der genetischen Veranlagung erhebliche Zugeständnisse in Fütterung und Haltung erforderlich, die nach meiner Ansicht wenig artgemäß sind.

Für Selbstversorger ist es besonders wichtig, daß die Milch möglichst gleichmäßig und ununterbrochen fließt. Bei anderen Schafrassen, die gemolken werden, kann man die Laktationsdauer auf etwa ein halbes Jahr ausdehnen. Das Milchschaf aber liefert rund 300 Tage im Jahr Milch, jeden Tag im Durchschnitt zwei Liter. Nur zehn Wochen lang müssen wir auf die Milch verzichten – sechs Wochen vor dem Lammen, wenn das Milchschaf trockengestellt wird, und während der ersten vier Lebenswochen der Lämmer (bei natürlicher Aufzucht), in denen diese fast die gesamte Milch beanspruchen. Weitere vier Wochen lang benötigen die Lämmer dann noch einen Teil der Milch.

Mit etwas Geschick sollte es eigentlich gelingen, bei zwei oder mehr Milchschafen wirklich ununterbrochen das gesamte Jahr über Frischmilch zu haben, indem wir die Schafe zu einem unterschiedlichen Zeitpunkt decken lassen. Wohl tritt die Brunst bei den Milchschafen im allgemeinen nur im Herbst saisonal auf, aber sie beginnt bereits im September. Sie dauert jeweils etwa zwei Tage und wiederholt sich, wenn das Schaf nicht gedeckt wird, im Abstand von 16 bis 21 Tagen, bis sie um die Dezembermitte endet. Es ist also möglich, ein Schaf zu Beginn der Brunst, das andere gegen Ende der Brunst decken zu lassen, so daß ein Schaf immer gemolken werden kann, während das andere trocken steht bzw. die Lämmer säugt. Das zweite Schaf wird dann erst im Mai lammen, seine Lämmer werden etwas später schlachtreif, aber noch rechtzeitig vor der Aufstallung. Von diesen späten Lämmern sollten dann allerdings keine Zuchttiere behalten werden.

Rechnen wir pro Schaf mit 500 Kilogramm für uns nutzbarer Milch zu sechs Prozent Fettgehalt, dann sind das im Jahr 30 Kilogramm Milchfett. Der durchschnittliche Jahreskonsum pro Bundesbürger liegt bei 85 Kilogramm Milch, 25 Kilogramm Fett und 15 Kilogramm Käse. Aus diesen Zahlen kann man errechnen, wieviele Milchschafe für einen Selbstversorger-Haushalt erforderlich sind.

Nehmen wir einmal als Grundlage für diese und künftige Berechnungen einen Haushalt mit vier voll zu verpflegenden Personen. Geht man davon aus, daß die Trinkmilch nicht entrahmt wird, dann würde dieser Haushalt neben den 340 Kilogramm Trinkmilch weitere Milch zur Erzeugung von Fett und damit indirekt von Butter und Käse benötigen. Wird der Fettgehalt von Butter mit 80 Prozent, jener von Käse mit 40 Prozent angenommen, dann würden wir zur Erzeugung des Bedarfs unseres Modell-Haushalts rund 2000 Liter Milch zusätzlich zur Trinkmilch benötigen, also vier bis fünf Milchschafe halten müssen.

Diese Rechnung geht freilich von sehr ungünstigen Voraussetzungen aus. Erstens würde danach der gesamte Fettverbrauch über die Schafmilch gedeckt, was zumindest unüblich ist; zweitens ist aus gesundheitlichen Gründen der Fettverbrauch des Durchschnitts-Konsumenten ohnehin viel zu hoch; drittens sind keine Molkereiprodukte mit geringem Fettgehalt berücksichtigt, wie Joghurt oder Magerquark; viertens müßten wir eine Verwendung für 2000 Liter entrahmter Magermilch finden. Aus diesen Gründen ist es in der Praxis völlig ausreichend, für die Eigenversorgung unseres Modell-Haushalts drei, allenfalls vier Milchschafe zu halten, selbst dann, wenn überschüssige Magermilch zur Deckung des Eiweiß-Bedarfs anderer Nutztiere Verwendung finden kann. So viel zur Milch und ihren Derivaten. Kommen wir nun zum Fleischertrag, der ja für alle jene Schafhalter mit Abstand am wichtigsten ist, die keine Milchnutzung betreiben.

Zunächst einmal muß mit einer Warnung begonnen werden: der durchschnittliche Fleischkonsum ist mit fast 100 Kilogramm pro Person viel zu hoch; bei allem Verständnis dafür, daß den meisten von uns Fleisch besonders gut schmeckt, sollten wir uns aus gesundheitlichen Gründen mit einem wesentlich geringeren Fleischanteil an unserer Ernährung begnügen. Einen Vorteil hat jedenfalls das Lammfleisch: es ist magerer als Rind- oder Schweinefleisch, und gerade der Fettgehalt des Fleisches wirkt sich besonders nachteilig auf unsere Gesundheit aus. Zweifellos ist Lammfleisch unter dem Fleisch aller Nutztiere am gesündesten, aber selbst davon sollten wir nicht unbedingt 100 Kilogramm im Jahr verdrücken. Lämmer werden im Herbst geschlachtet, spätestens mit dem Aufstallen Ende Dezember, meistens aber schon früher, etwa ab Oktober, wenn das Weidefutter abnimmt. Nach höchstens sechs Monaten sollten sie mindestens ein Lebendgewicht von 50 Kilogramm haben. Wie bereits erwähnt, werden Schafe zweckmäßigerweise im September/Oktober gedeckt und lammen demzufolge im Februar/März. Spätestens im September müssen sie also ihr Gewicht von 50 Kilogramm erricht haben, außer wenn sie wesentlich später geboren wurden, weil etwa der Decktermin eines Milchschafes verschoben worden ist. Im September werden Lämmer frühreifer Rassen wie die Milchschafe übrigens schon geschlechtsreif.

Ist ausreichend Weide vorhanden und will man die Lämmer später schlachten, dann nehmen sie natürlich noch weiter zu, obwohl die Tageszunahmen (100 – 500 Gramm) zurückgehen.

Ein Lebendgewicht von 50 Kilogramm ergibt, nachdem Fell, Eingeweide, Füße usw. entfernt worden sind, ein Schlachtgewicht von recht genau der Hälfte, also von 25 Kilogramm. Wenn wir uns am Durchschnitts-Fleischkonsum orientieren und kein anderes Fleisch hätten, würden wir für einen Vierpersonen-Haushalt das Fleisch von 15 Lämmern benötigen!

Oft werden wir als schafhaltende Selbstversorger zusätzlich noch das Fleisch anderer Nutztiere haben, also von Geflügel und Kaninchen, vielleicht auch von einem Schwein. Das bringt nicht nur mehr Abwechslung in unseren Speisezettel, sondern führt auch zu einer besseren Verwertung des vorhandenen Futters, da die Ansprüche jeder Tierart unterschiedlich sind. Von unseren drei Milchschafen, die wegen der Molkereiprodukte für eine Vierpersonen-Eigenversorgung angenommen wurden, dürfen wir getrost sieben Lämmer erwarten, also ein Gesamt-Schlachtgewicht von 175 Kilogramm. Bei anderen Rassen sind wir mit sechs Lämmern und demzufolge 150 Kilogramm zufrieden. Tatsächlich ist die Fleischleistung sogar noch höher, und zwar nicht nur, weil die Lämmer oft schwerer sind. Bei sechsjährigem Umtrieb, also nach sechsjähriger Nutzung eines Schafes, wird dieses geschlachtet und durch ein Schaflamm zur weiteren Zuchtverwendung ersetzt. Halten wir drei Schafe gut gemischter Altersstruktur, wäre alle zwei Jahre ein Altschaf zu schlachten, das etwa 15 Kilogramm mehr Fleisch liefert als das Lamm, das es ersetzt (netto ca. 40 statt 25 Kilogramm).

Wir haben bereits den Begriff der Schlachtkörper-Qualität kennengelernt. Sie wird in Handelsklassen ausgedrückt, über deren Zuerkennung die wertbestimmenden Körperteile entscheiden, also Keulen, Bug, Rücken und Kamm. Diese Körperteile sollen einen möglichst großen Anteil am Schlachtgewicht haben. Das ist auch verständlich, denn sie müssen im Geschäft wesentlich teurer bezahlt werden, als etwa Bauchfleisch oder Rippen; trotz gleichen Gewichts können Lämmer also recht unterschiedliche Preise erzielen.

Die höchste Handelsklasse ist E, dann folgen die Klassen I, II und III. Diese Klassen sind verbindlich vorgeschrieben; jedes Schaf, das in den Handel gelangt, muß in eine dieser Klassen eingestuft werden. Zusätzlich ist eine weitere Unterteilung der Handelsklassen E und I nach ihrem Fettanteil zulässig, wobei ein geringer (g) Fettansatz höher bewertet wird als ein mittlerer (m) oder starker (s) Fettansatz.

Nun ist es aber naheliegend, daß ein junges Lamm zarteres, höherwertigeres Fleisch liefert als ein betagtes Milchschaf oder ein alter Bock. Deshalb gibt es neben den Handelsklassen auch eine Unterteilung nach Geschlecht und/oder Alter in fünf Kategorien, die noch wichtiger sind.

Milchlammfleisch (M) ist das Fleisch von Lämmern, die höchstens sechs Monate alt sind und deren Körper ohne Kopf, Füße und Schwanz, ausgenommen und abgezogen, maximal 22 Kilogramm wiegt.

Mastlammfleisch (L) ist das Fleisch von Lämmern, die höchstens 12 Monate alt sind, und das nicht in die Kategorie M fällt. Praktisch alles Schaf-

**Beispiele für
Handelsklassen bei
Milchlammfleisch**

◀ links Klasse Eg

rechts Klasse III ▶

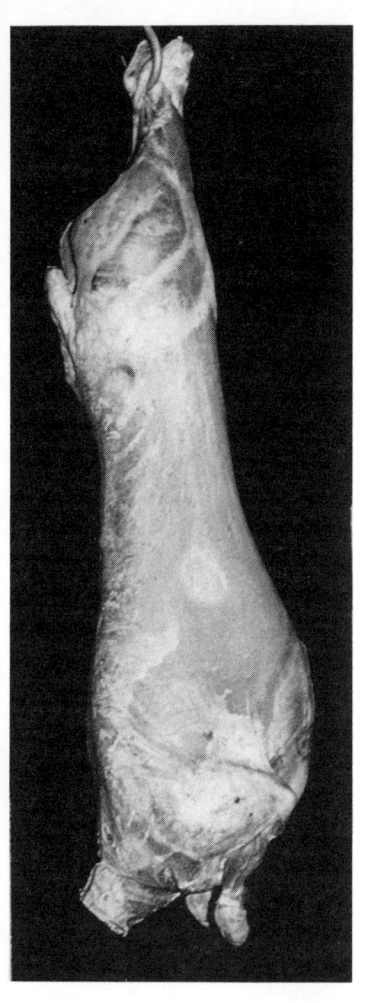

◀ Seitenansicht ▶

◀ Rückenschnitt 5./6. Rippe ▶

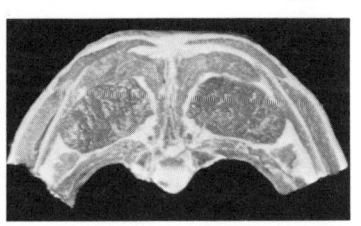

◀ Rückenschnitt 13./14. Rippe ▶

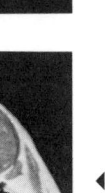
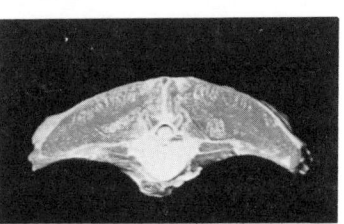

◀ Kotelett 5./6. Rippe ▶

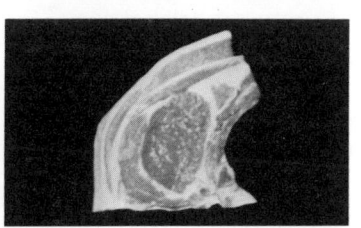

(Quelle: AID)

fleisch, das bei uns in den Handel kommt, gehört in die Kategorien M oder L. Die weiteren Klassen sind also nur von theoretischer Bedeutung.

Hammelfleisch (H) ist nicht nur, wie man glauben sollte, das Fleisch von kastrierten männlichen Schafen, sondern auch von weiblichen Schafen, die nicht gelammt haben. Beide dürfen nicht älter als 24 Monate sein. Es gibt Kenner, die behaupten, daß das Fleisch dieser Schafe am besten schmeckt.

Schaffleisch (S) stammt sowohl von weiblichen Schafen, die älter sind als zwei Jahre und/oder gelammt haben, als auch von kastrierten männlichen Schafen, die älter als zwei Jahre sind.

Bockfleisch (B) ist das am geringsten bewertete Schaffleisch von älteren Zuchtböcken. Tatsächlich ist es recht strähnig und zäh, aber im Gegensatz zum Fleisch älterer Ziegenböcke durchaus noch genießbar.

Das am höchsten bewertete Fleisch hätte also die Einstufung der Kategorie M und die Handelsklasse Eg. Interessant ist diese Einstufung allerdings nur für jene Selbstversorger, die Schafe über den Eigenbedarf hinaus halten, um sie zu verkaufen. Selbst dann aber werden sie die relativ wenigen Lämmer, die sie abzugeben haben, in den meisten Fällen wohl nicht gewerblich über den Handel, sondern privat verkaufen.

Bei Schafen, die für den Eigenbedarf geschlachtet werden, spielt die Einstufung in Kategorien und Handelsklassen kaum eine Rolle. Auch Fleisch „minderwertiger" Körperpartien hat den gleichen Nährwert wie Fleisch von der Keule oder vom Rücken und schmeckt, entsprechend zubereitet, ebenso gut. Lassen Sie sich als Selbstversorger also nicht zu sehr von der Schlachtkörper-Qualität einer Schafrasse beeindrucken, zumal selbst Milchschafe mit ihrer angeblich mäßigen Schlachtkörper-Qualität durch züchterische Verbesserungen in den letzten Jahren nicht selten die Handelsklasse I erreichen, zuweilen sogar die höchste Handelsklasse E.

Problematischer ist für Selbstversorger eine gesetzliche Bestimmung, die in diesem Zusammenhang erwähnt werden muß. Nur bis zu drei Monate alte Lämmer, die für den Eigenbedarf geschlachtet werden, also nicht in den Handel kommen, und bei denen kein Anlaß zu der Vermutung besteht, daß sie krank sind, unterliegen nicht dem Fleischbeschaugesetz. Alle Schafe hingegen, die in den Handel gelangen und/oder älter als drei Monate sind, wenn sie geschlachtet werden, unterliegen der amtlichen Fleischbeschau.

Unterschieden wird zwischen der Schlachttierbeschau vor dem Schlachten und der Fleischbeschau nach dem Schlachten. In der Regel wird die Beschau von Tierärzten durchgeführt, in Ausnahmefällen von geprüften Fleischbeschauern. Natürlich ist sie kostenpflichtig und wirkt sich bei dem

42

geringen absoluten Wert eines Lammes prozentual stärker aus als bei Rindern oder Schweinen. Da Lämmer auch von Selbstversorgern nur selten bereits im Alter von drei Monaten geschlachtet werden (sie wiegen dann erst etwa 30 Kilogramm), gibt es kaum eine legale Möglichkeit, die amtliche Beschau zu vermeiden. Wie konsequent diese gesetzliche Bestimmung freilich in der Praxis befolgt wird, ist hier nicht zu untersuchen. An sich dienen die gesetzlichen Bestimmungen ja dem guten Zweck, den Verbraucher vor verdorbenen Nahrungsmitteln zu schützen. Es erhebt sich allerdings gerade für gesundheitsbewußte Selbstversorger die Frage, ob es nicht bessere Ansatzpunkte für solche Gesetze geben würde ...

Selbst wenn uns ein Schaf verendet, dürfen wir den Kadaver nur dann vergraben, wenn es ein weniger als sechs Wochen altes Lamm ist. Andernfalls ist die Polizei zu benachrichtigen oder direkt eine Tierkörper-Beseitigungsanstalt, die den Kadaver abholt. Dafür dürfen dem Tierbesitzer keine Kosten entstehen; theoretisch hätte er sogar Anspruch auf eine Entschädigung, aber ein Schafkadaver wird meistens als ,,wertlos'' eingestuft.

Ein Trost mag es in diesem Zusammenhang sein, daß wir zumindest selbst schlachten dürfen und nicht gezwungen sind, die Hilfe eines Metzgers in Anspruch zu nehmen. Vorgeschrieben ist lediglich, wie bei allen warmblütigen Tieren, daß abseits der Öffentlichkeit geschlachtet werden muß und das Schlachttier vorher zu betäuben ist. Außerdem soll die Person, die die Schlachtung durchführt, ausreichende Körperkräfte und die erforderliche Übung besitzen. Es ist allerdings nicht schwer, sich die erforderliche Fertigkeit nach Anleitung anzueignen.

Zum Nutzen der Schafhaltung gehört auch der Wollertrag. Wolle dient wohl nicht der Ernährung, ist aber für Selbstversorger, die ihr Streben nach Autarkie nicht nur auf Nahrungsmittel beschränken, sehr wichtig. Wie wichtig Wolle für unsere Vorfahren war, können wir uns kaum mehr vorstellen. Ursprünglich konnten sie sich vor der Witterung nur mit Leder oder Fellen ihrer Beutetiere schützen. Leder ist schwer und trocknet, einmal naß geworden, nur sehr langsam. Noch länger dauert es, bevor nasse Felle wieder trocken sind. Naß aber wärmen beide nicht. Zudem ist es gar nicht so einfach, Leder (oder Felle) so zu gerben, daß es auch nach dem Trocknen weich und geschmeidig bleibt.

Leder hat nur einen echten Vorteil im Vergleich zu Textilien: es ist sehr strapazierfähig. Deutsche Jäger schätzen es deswegen als zünftige Bekleidung, haben sich aber, wenn sie unter wirklich harten Bedingungen in Kanada oder Alaska jagen, nicht nur den Spott der Einheimischen zugezogen, sondern rasch aus besserer Einsicht zweckmäßigere Kleidung gewählt. Zu den begehrtesten Tauschobjekten, die der weiße Mann den Indianern bieten konnte, zählten neben Messern, Beilen, Nähnadeln und

Metalltöpfen vor allem Wolldecken – viel mehr noch als Feuerwaffen und -Wasser!

Wolle hat durch Lufteinschlüsse bei der Verarbeitung ein hervorragendes Isoliervermögen. Sie erlaubt eine unbehinderte Hautatmung, saugt Schweiß auf, stößt Regen ab und trocknet, einmal naß geworden, vergleichsweise rasch. Selbst nasse Wolle wärmt noch. Schließlich ist Wolle leicht und geschmeidig und kann auf unterschiedlichste Weise verarbeitet werden, vom feinsten Wollstoff bis zum grob gestrickten Pullover. Obwohl unbestritten ist, daß ihre Trageeigenschaften jenen aller Kunstfasern überlegen sind, hat Wolle leider an Popularität verloren. Kunstfasern und Baumwolle sind billiger, pflegeleichter und strapazierfähiger. Nur noch etwa 5 % der Faserproduktion ist Wolle.

Wolle liefert uns praktisch nur das Schaf. Wohl ist etwa die Wolle des Angorakaninchens noch höherwertig, und auch dessen Wollertrag ist mit etwa einem Kilogramm im Jahr recht beachtlich, aber hinsichtlich der gesamten Wollproduktion spielt es eine ebenso untergeordnete Rolle wie Angoraziege, Lama, Kamel usw. Ein Schaf liefert uns durchschnittlich um fünf Kilogramm Wolle im Jahr, wobei nur noch einmal geschoren wird. Freuen Sie sich aber nicht zu früh: das ist das Gewicht der sogenannten Schweißwolle; der Reinwollgehalt (Rendement) liegt etwa zwischen 40 und 60 Prozent, nachdem die Wolle gewaschen ist. Man kann pro Schaf also 2,5 Kilogramm Reinwolle im Jahr erwarten.

Leider ist der wirtschaftliche Wert dieser Wolle sehr gering. Läßt man die Schafe von einem professionellen Schafscherer scheren, darf man zufrieden sein, wenn dieser sich statt des Lohns mit der Wolle begnügt. Es ist allerdings nicht sehr schwierig, die paar Schafe eines Selbstversorger-Betriebes selbst zu scheren.

Dazu verwendet man besser keine elektrische Schermaschine, obwohl man mit ihr wesentlich schneller arbeiten kann, sondern eine spezielle Handschere. Ohne die entsprechende Übung ist mit einer Maschine die Verletzungsgefahr für die Schafe zu groß. Geübte Scherer schaffen auch mit einer Handschere etwa vier Schafe in der Stunde.

Zum Scheren legt man das Schaf am besten auf einen Tisch und beginnt damit, das Vließ durch einen Schnitt von der Innenseite der Hinterbeine über den Bauch und den Hals zu teilen. Dann wird es so abgenommen, daß es als zusammenhängendes Vließ erhalten bleibt. Geschoren wird entweder kurz nach dem Aufstallen im Dezember/Januar oder nach den „Eisheiligen", Ende Mai, wenn normalerweise keine strengen Frosteinbrüche mehr zu erwarten sind. Gefürchtet war schon immer von den Schafbesitzern die „Schafskälte", die zuweilen Ende Juni auftritt und die dann fast nackten Schafe gefährdet.

44

Scheren für die Schafschur

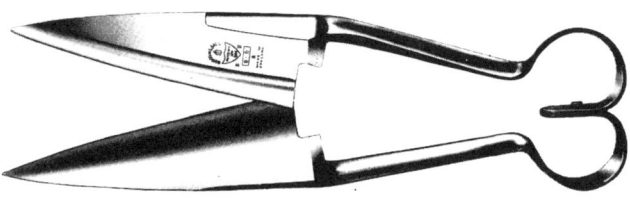

mit Doppelfeder

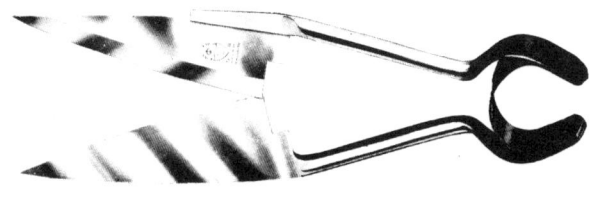

mit Konkavfeder

(Quelle: »Tier und Technik«)

Das Scheren im Winterstall hat einige Vorteile. Bis zum Austrieb ist die Wolle wieder ausreichend nachgewachsen, um vor Kälte zu schützen; die Geburt und das Saugen der Lämmer werden vereinfacht; ungeschorenen Schafen wird es in einem Stall leicht zu warm; die Wolle kann im Stall leichter verschmutzen. Wer die Wolle selbst weiterverarbeiten will, hat zudem im Winter genügend Zeit dazu. Mit dieser Weiterverarbeitung werden wir uns noch ausführlicher beschäftigen.
Immer dann, wenn wir ein Schaf schlachten, erhalten wir ein Fell. Dieses Fell kann, gegerbt und gleichmäßig geschoren, auf vielfache Weise Verwendung finden: als dekorative Unterlage für Sitzmöbel, Wandbehänge, Bettvorleger, Bettunterlage, aber auch für unsere Bekleidung. Denken Sie daran, daß ja der geschätzte Persianer-Pelz auch aus Schaffellen besteht, aus den Fellen der Lämmer des Karakul-Schafes. Wir werden allerdings Schaffelle, die wir zu Kleidungsstücken verarbeiten, vorwiegend als war-

45

mes Futter für Winterbekleidung verwenden. Hausschuhe und Fäustlinge aus Schaffell sind wohl nicht strapazierfähig, aber warm und dekorativ. Während des Gerbens können auch die Haare entfernt werden, so daß man Leder erhält. Schafleder gilt freilich als wenig strapazierfähig (sprichwörtlich „reißt wie Schafleder") und wird meist als Futterleder und für Bucheinbände verwendet.

Um das Fell verwerten zu können, müssen wir uns bemühen, es bei dem Abhäuten nicht zu beschädigen. Es wird fast nicht mit dem Messer, sondern durch Drücken und Ziehen vom Körper gelöst. Anschließend wird es sorgfältig von anhaftenden Fleischresten gereinigt.

Das Gerben war früher eine sehr langwierige Methode; am einfachsten für die Selbstverarbeitung ist die Alaungerbung. Es würde im Rahmen dieses Buches zu weit gehen, die möglichen Gerbverfahren zu beschreiben. Meist wird man wohl die Felle gerben lassen und hat dann auch die Möglichkeit, ein Gerbverfahren zu wählen, das die Felle waschbar macht.

Kann das Fell nicht sofort gegerbt werden, müssen wir es konservieren, indem wir es mit Salz einreiben. Für eine vorübergehende Konservierung genügt es, reichlich Salz aufzustreuen, das Fell zusammenzurollen und in den nächsten Tagen gerben zu lassen. Für längere Konservierung muß reichlich Salz (lt. Doehner 40 Prozent des Fellgewichts, kein Viehsalz) eingerieben werden, nachdem das Fell abgekühlt ist. Das Salz zieht das Wasser aus der Haut, deshalb ist es erforderlich, das Fell mit der Hautseite nach unten einige Zeit über einen Lattenrost oder ein Rundholz zu hängen. Ein gut eingesalzenes Fell ist längere Zeit lagerbar.

Kommen wir nun abschließend zu einem „anrüchigen" Produkt der Schafhaltung, das sich aber bei naturgemäß wirtschaftenden Selbstversorgern der größten Wertschätzung erfreut: dem Schafmist. Schafhaltende Selbstversorger werden zweifellos auch Obst und Gemüse anbauen, die gedüngt werden müssen. Eine Düngung mit Mineralsalzen (Kunstdünger) kommt für gesundheitsbewußte Selbstversorger nicht in Frage, so bleibt also neben Düngung auf vegetabiler Basis, vor allem Gründüngung und Kompost, nur der Mist. Bei einer solchen Düngung führen wir nicht nur dem Boden die durch Nutzpflanzen entzogenen Nährstoffe wieder zu, sondern verbessern durch die organische Substanz auch die Bodenstruktur und den Humusanteil.

Wie aus der Tabelle 7 im Anhang dieses Buches ersichtlich ist, liegt der Nährstoffgehalt von Schafmist höher als bei Rinder-, Pferde- oder Schweinemist und wird nur noch vom Hühnermist übertroffen. Hühnermist ist allerdings so scharf, daß er vor der Verwendung kompostiert werden sollte.

Tatsächlich ist Schafmist dem Mist anderer Nutztiere noch mehr über-

46

legen, als es sein Nährstoffgehalt vermuten läßt. Da sein Stickstoff-Anteil sich nur langsam umsetzt, erfolgt eine gleichmäßige Nährstoff-Abgabe über einen längeren Zeitraum. Das hat dazu geführt, daß mit Schafmist gedüngte Kartoffeln trotz des vergleichsweise geringen Unterschieds im Nährstoff-Gehalt gegenüber Pferdemist-gedüngten Kartoffeln den doppelten (!) Ertrag brachten.

Schafe scheiden rund 90 Prozent der Haupt-Nährstoffe Stickstoff, Kalium und Phosphor, die sie über das Futter aufnehmen, wieder aus. Ein Schaf produziert immerhin rund 50 Zentner Mist im Jahr! Das ist auch bei nur wenigen Schafen eine beachtliche Menge, die in Verbindung mit einer planvollen Kompost-Wirtschaft den Dünger-Bedarf eines Selbstversorger-Betriebs decken sollte und den Verzicht auf Kunstdünger ermöglicht.

Mist wird im Stall erzeugt. Schafe haben ein so geringes Wasserbedürfnis, daß sie es während der Weidezeit aus dem Wassergehalt der Weidepflanzen und dem Tau decken können. Auch im Stall trinken sie so wenig, daß sie nur wenig Harn absondern. Um zu verhindern, daß der Mist zu trocken wird und schimmelt, muß er zuweilen abgebraust werden.

Es gibt noch die Methode der Direkt-Düngung ohne den Umweg über den Stall. Ist eine Gartenparzelle abgeerntet, kann man es sich sehr leicht machen und die Schafe über Nacht auf dieser Parzelle, die leicht mit Stroh eingestreut wurde, pferchen. Literaturangaben zufolge (Hutten) düngen 300 Schafe einen Hektar Ackerfläche auf diese Weise in 10 bis 12 Tagen – oder drei Schafe eine Fläche von 100 Quadratmetern. Nach meinen Erfahrungen hat es sich auch als sehr vorteilhaft erwiesen, eine nach der Ernte mit Gründüngung eingesäte Fläche im Spätherbst von dort gepferchten Schafen abweiden zu lassen.

So „anrüchig", wie zuvor behauptet, ist Schafmist übrigens nicht, im Gegenteil ist er wegen seiner recht trockenen Konsistenz fast geruchlos.

Wie Sie gesehen haben, ist das Schaf in vielfältiger Weise nutzbar. Selbst in seinem „Abfallprodukt" Mist ist es den anderen Nutztieren noch überlegen . . .

Die Verwertung der Schafprodukte

Wir haben die Produkte aus der Schafhaltung jetzt kennengelernt: Fleisch, Wolle, Felle, Mist und – bei Milchschafhaltung – die Milch. In diesem Kapitel nun wollen wir uns etwas näher damit befassen, wie wir als Selbstversorger diese Produkte verwerten können.

DAS FLEISCH

Beginnen wir mit dem Fleisch als dem mit Abstand wichtigsten Produkt für alle Selbstversorger, die keine Milchnutzung betreiben. Aus Gründen, die bereits erwähnt wurden, werden die Lämmer in aller Regel zwischen Juli und Dezember geschlachtet, und zwar abhängig davon, wann sie geboren wurden, wie rasch sie ihr Schlachtgewicht erreichen und wie die Weideverhältnisse sind. Das würde bedeuten, daß wir nur sechs Monate im Jahr Frischfleisch hätten und das restliche Fleisch für das Winterhalbjahr konservieren müßten.

Tatsächlich sind die Verhältnisse sogar noch ungünstiger, denn da die drei oder vier Schafe unseres Kleinbetriebs einerseits alle innerhalb kurzer Zeit lammen werden und andererseits die Lämmer sich durch die gleichen Haltungsbedingungen und die sehr ähnlichen Eigenschaften ihrer Eltern auch gleich schnell entwickeln, sind sie fast gleichzeitig schlachtreif. Wohl können wir bei ausreichenden Weideverhältnissen ein oder zwei Lämmer länger laufen lassen oder umgekehrt auch einmal schon vor Erreichen seines angestrebten Endgewichts ein Lamm schlachten, es bleibt aber die Tatsache, daß für den weitaus größten Teil des Jahres das Fleisch auf die eine oder andere Art haltbar gemacht werden muß. Dementsprechend groß ist die Bedeutung der verschiedenen Konservierungsverfahren für den schafhaltenden Selbstversorger.

Nahrungsmittel verderben durch die Einwirkung von Mikroorganismen mehr oder weniger schnell, wobei die Haltbarkeitsdauer von den Lebensbedingungen abhängt, die diese Mikroorganismen vorfinden. Günstig für

48

sie – also ungünstig für die Haltbarkeit – sind Wasser und Wärme; dementsprechend wächst die Haltbarkeit durch Wasserentzug und niedrige Temperaturen. Alle Konservierungsverfahren beruhen darauf, die Lebensbedingungen der Mikroorganismen entweder zu zerstören oder doch so zu verschlechtern, daß sie ihre zerstörerische Tätigkeit nur sehr langsam entfalten können.

Schon sehr früh hat man sich die Beobachtung zunutze gemacht, daß Nahrungsmittel bei Kälte, also im Winter, viel länger haltbar bleiben. Das ist sicher einer der Gründe, warum traditionell nicht im Sommer, sondern im Winter geschlachtet wird. Eine Verlängerung der Kälteperiode konnte damals nur erreicht werden, indem man im Winter gewonnene Eisblöcke in tiefen Kellern zusammen mit empfindlichen Lebensmitteln lagerte. Heute haben wir es dank der Technik viel leichter.

Unser moderner Eiskeller ist der Kühlschrank. Je niedriger die Temperatur ist, um so mehr nimmt die Tätigkeit der Mikroorganismen ab, bis sie bei minus 18 Grad Celsius völlig ruht und die Mikroorganismen zu einem Kälteschlaf erstarren. Leider aber passiert bei Temperaturen um den Nullpunkt etwas Unangenehmes. Das Wasser, das die Zellen fast aller Nahrungsmittel zum größten Teil füllt, gefriert zu Eiskristallen. Diese Eiskristalle haben ein größeres Volumen als das Zellwasser und sprengen bei ihrer Ausdehnung die Zellwände. Taut man etwa ein Stück gefrorenes Fleisch wieder auf, ist es wegen der gesprengten Zellwände schlaff und das Zellwasser samt wichtiger Inhaltsstoffe läuft heraus. Deshalb bleibt die Temperatur in Kühlschränken stets deutlich über dem Gefrierpunkt.

Bei solchen Kühlschrank-Temperaturen ruht die Aktivität der Mikroorganismen nicht völlig, sondern ist nur erheblich verlangsamt. Das bedeutet, daß Fleisch wohl im Kühlschrank viel länger haltbar bleibt als bei Zimmertemperatur, aber sich nach einiger Zeit eben doch zersetzt. Frisches, mageres Lammfleisch hält im Kühlschrank bis zu einer Woche. Da Fleisch nach dem Schlachten ein bis drei Tage abhängen sollte, können Sie sich ausrechnen, wie rasch ein frisch geschlachtetes Lamm ohne andere Konservierungsverfahren aufgegessen sein muß.

Je langsamer der Temperaturabfall erfolgt, um so größer werden die Eiskristalle zwischen den Zellwänden. Als die Technik es erlaubte, sehr rasch sehr tiefe Temperaturen zu erreichen, wurde entdeckt, daß bei schlagartigem Absenken der Temperatur auf hohe Minusgrade so kleine Eiskristalle entstehen, daß sie die Zellwände nicht sprengen. Taut man später das Gefriergut – in unserem Fall ein Stück Fleisch – wieder auf, unterscheidet es sich praktisch nicht von Frischfleisch. Durch Versuche wurde festgestellt, daß zum Schockgefrieren eine Temperatur um minus 35 Grad vorhanden sein muß.

Das solcherart erstarrte Gefriergut kann jetzt bei einer Temperatur gelagert werden, bei der die Tätigkeit der Mikroorganismen völlig ruht, also bei minus 18 Grad. Wohlgemerkt: diese 18 Minusgrade genügen nicht zum Schockgefrieren, sondern nur zum Lagern des bereits schockgefrorenen Fleisches (oder anderer Nahrungsmittel). Die meisten Gefriertruhen haben ein Vorgefrierfach, dessen Volumen etwa zehn Prozent des Truheninhalts beträgt.

Die Lagertemperatur beträgt normalerweise minus 18 Grad. Soll neues Gefriergut eingelegt werden, muß rechtzeitig vorher die Truhe auf „Super" gestellt werden, damit im Vorgefrierfach die zum Schockgefrieren nötige Temperatur vorhanden ist. Mehr als das Fassungsvermögen des Vorgefrierfachs kann innerhalb von 24 Stunden nicht eingefroren werden, weil sonst das Aggregat der Truhe nicht in der Lage ist, eine ausreichend tiefe Temperatur zu erzeugen.

Wie lange ist richtig eingefrorenes und gelagertes Fleisch haltbar? Theoretisch ewig. Russische Forscher sollen angeblich im Permafrost Sibiriens ein Mammut gefunden und dessen Fleisch nach dem Auftauen gebraten und gegessen haben. Auch wenn hier etwas Skepsis angebracht sein mag: mageres Schaffleisch hält trotz abweichender Angaben in manchen Büchern wesentlich länger als ein Jahr, und länger als ein Jahr werden wir es ja ohnehin kaum einlagern.

Das Tiefgefrieren macht Fleisch nicht nur länger haltbar als jede andere Form der Konservierung, sondern es bleibt auch praktisch im Frischzustand. Darüber hinaus ist es aber auch möglich, fertig zubereitetes Fleisch einzufrieren, etwa Gulasch. Bei allen diesen Vorteilen fragt man sich, ob die klassischen Konservierungsverfahren damit überholt sind.

Nein, gewiß nicht. Trotz aller seiner unbestrittenen Vorteile hat das Tiefgefrieren auch einige Nachteile. Zunächst wären da einmal die Kosten zu nennen. Bereits in der Anschaffung kostet eine Tiefkühltruhe viel Geld. Wie jedes technische Gerät muß sie gewartet werden und hat eine wohl beachtliche, aber doch begrenzte Lebensdauer. Vor allem aber kostet der Betrieb ständig Energie, und diese Abhängigkeit ist für manche Selbstversorger mit ausgeprägtem Autarkiestreben unannehmbar. Tatsächlich ist es unter allen Konservierungsverfahren nur bei dem Tiefgefrieren erforderlich, über das eigentliche Konservieren hinaus auch für die Aufbewahrung noch Energie und damit Geld aufwenden zu müssen.

Fällt einmal der Strom aus, verdirbt der Truheninhalt nach einiger Zeit. Ein paar Stunden Stromausfall schaden noch nicht, und bei sehr guten Geräten dauert es 60 Stunden, bevor die Lagertemperatur von minus 18 auf minus neun Grad angestiegen ist. Ein unbemerkter technischer Defekt kann aber doch recht unangenehme und kostspielige Folgen haben.

Eingefrorene Vorräte müssen vor dem Gebrauch erst aufgetaut werden, was bis zu einem Tag dauert. Wenn also plötzlich Ihr Erbonkel vor der Tür steht, können Sie nicht rasch ein paar Lammkoteletts aus der Truhe holen und in die Pfanne hauen. Um die Lammkoteletts überhaupt in den Tiefen der Truhe zu finden, ist ein sorgfältiges System der Lagerung und Kennzeichnung erforderlich. Schließlich müssen Sie die Koteletts (und anderes Fleisch) portionsweise einfrieren, weil sie in gefrorenem Zustand nicht geteilt werden können und einmal aufgetautes Gefriergut nicht noch einmal eingefroren werden soll. Kommt nun der Erbonkel zu Besuch, ist die Familienportion zu klein; ist ein Familienmitglied verreist, ist sie zu groß.

Die Tiefkühltruhe ist ein wichtiger und zeitgemäßer Helfer bei der Haltbarmachung von Fleisch (und allen anderen Nahrungsmitteln). Wir wollen uns aber nicht allein darauf verlassen, sondern auch traditionelle Konservierungsmethoden anwenden.

Fleisch hat einen Wassergehalt von rund 70 Prozent. Entziehen wir ihm dieses Wasser, finden auch die Mikroorganismen keinen geeigneten Nährboden mehr vor. Sie benötigen einen Wassergehalt von mindestens 14 Prozent.

Schneiden wir das (möglichst magere) Fleisch in dünne Streifen, trocknen diese an der Luft relativ rasch. Das Fleisch verliert dabei nichts von seinem Nährwert, wohl aber zwei Drittel seines ursprünglichen Frischgewichts! Der Wassergehalt ist auf unter zehn Prozent gesunken. Da solches Trockenfleisch leicht herzustellen und zu transportieren ist und lange haltbar bleibt, wird dieses Verfahren von den meisten Naturvölkern zur Konservierung benutzt. In Nordamerika ist es als Jerky bekannt. Die Fleischstangen können roh gegessen werden, wir können sie aber auch in einer Suppe oder in einem Eintopf kochen. Zerstampft man sie zu feinen Fleischfasern und mischt sie mit Fett und Gewürzen, erhält man einen haltbaren und nahrhaften Brotaufstrich, der etwa dem indianischen Pemmikan entspricht.

Beschleunigt wird der Wasserentzug, wenn Wärme einwirkt, etwa im Backofen bei mäßigen Temperaturen oder am offenen Feuer. Am offenen Feuer wird ein zusätzlicher Konservierungseffekt durch das Räuchern erzielt. Mit dem Rauch dringen Wirkstoffe ein, die mit dem Geschmack auch die Haltbarkeit positiv beeinflussen. Die Konservierung durch das Räuchern dauert immerhin etwa zwei Wochen. Sie ist auch im Rauchfang möglich, wenn nur mit Holz geheizt wird. Einfacher ist das Räuchern im Räucherschrank. Wichtig ist jedenfalls, daß nur eine mäßige Hitze entwickelt wird, aber viel Rauch; schließlich soll das Fleisch nicht gebraten werden.

Wie bei dem Räuchern wird auch bei dem Einpökeln neben der Haltbarkeit der Geschmack beeinflußt. Wegen dieser Geschmacksbeeinflussung wird deshalb Fleisch auch zuweilen vor dem Kochen oder Braten einige Tage gepökelt, also ohne die Absicht, es dadurch haltbarer zu machen. Auch vor dem Räuchern wird das Fleisch gern gepökelt.

Das Pökeln ist ein sehr altes Konservierungsverfahren, bei dem das Zellwasser Salz aufnimmt und damit den Mikroorganismen die Lebensgrundlage entzogen wird. Zwei Verfahren sind üblich: trocken oder naß. Bei der Trockenpökelung werden die Fleischstücke mit einer Mischung aus Salz, etwas Zucker und sehr wenig Salpeter eingerieben und dicht an dicht in ein Keramik-, Holz- oder Plastik-Gefäß gestapelt. Darauf wird ein mit einem sauberen Stein beschwertes Holzstück gelegt, das Druck auf das gepökelte Fleisch ausübt. Durch das Salz bildet sich die konservierende Lake. Diese Lake erzeugen wir bei der Naßpökelung direkt, indem wir eine etwa 25prozentige Salzlösung herstellen, die mit Zucker und wenig Salpeter sowie Gewürzen nach Belieben ergänzt und so über die Fleischstücke gegossen wird, daß diese im Gefäß vollständig davon bedeckt sind.

Pökelfleisch hält unter einigermaßen günstigen Bedingungen, etwa in einem kühlen Keller, mindestens vier Monate. Je älter es ist, um so sorgfältiger muß es vor der Weiterverarbeitung gewaschen und um so länger gewässert werden. Beizen oder Marinieren sind übrigens andere Worte für dieses Konservierungsverfahren, ebenso Einsäuern (Einsuhren).

Durch Hitzeeinwirkung, also beispielsweise durch Kochen oder Braten, werden die Mikroorganismen vernichtet. Wir wissen aber, daß sich gekochtes oder gebratenes Fleisch keinesfalls besser, sondern im Gegenteil noch schlechter hält als frisches Fleisch. Das kommt daher, daß die Mikroorganismen überall vorhanden sind und im gekochten bzw. gebratenen Fleisch optimale Bedingungen vorfinden. Soll also durch Erhitzen sterilisiertes Fleisch auch künftig keimfrei und damit haltbar bleiben, müssen wir es vor erneutem Befall durch Mikroorganismen schützen. Das geschieht durch das Einkochen, auch Einwecken genannt (nach dem Erfinder dieses Verfahrens, Johann Weck). Wir können in Gläser oder in Dosen einkochen. Bei Dosen gibt es solche mit abnehmbarem Deckel und einem Gummi-Dichtring, die sich praktisch nicht von Einmachgläsern in ihrer Anwendung unterscheiden, und andere, die jedesmal neu verlötet werden und für die man einiges Gerät benötigt.

Zum Einkochen kann frisches, aber auch bereits zubereitetes Fleisch verwendet werden. Da es vor der Zubereitung noch einmal aufgekocht werden muß, um es zu erwärmen, zerfällt vor dem Einkochen fertig zubereitetes Fleisch allerdings leicht. Deshalb ist es besser, es nur vorzukochen oder anzubraten.

Zum Einkochen füllt man das Glas (oder die Dose) mit dem Fleisch; auf gute Füllung ist zu achten, deshalb stößt man das Glas mit dem Boden

Nicht nur Gemüse, wie auf dem Foto, sondern auch Fleisch kann eingeweckt werden.

mehrfach auf ein gefaltetes Tuch auf, so daß der Inhalt zusammensackt. Vor dem Auflegen des Gummirings und des Deckels muß der Glasrand sorgfältig von allen Fleisch- und Fettresten befreit werden, weil sonst kein luftdichter Verschluß erfolgt.

Der Deckel wird mit einem Spannbügel auf den Gummiring gepreßt und das Glas samt Inhalt erhitzt. Das geschieht üblicherweise wegen der besseren Wärmeverteilung im Wasserbad, also in einem Topf, in den die Gläser gestellt werden und der bis zu etwa 2/3 der Glashöhe mit Wasser gefüllt wird. Die Gläser sollten nicht direkt auf dem Topfboden, sondern auf einem Rost stehen.

Die Einkochzeit richtet sich nach dem Glasinhalt; bei Fleisch liegt sie etwa zwischen 90 und 120 Minuten. Durch das Erhitzen dehnt sich die in den Gläsern befindliche Luft aus und wird durch den Gummiring aus dem Glas gepreßt. Nach abgelaufener Einkochzeit werden die Gläser aus dem Topf genommen und sollten rasch abkühlen, damit sich das Fett im Glas nicht einseitig ablagert. Erst wenn das Glas erkaltet ist, darf der Spannbügel abgenommen werden.

Im Glas herrscht nach dem Abkühlen ein erheblicher Unterdruck, der den Deckel gegen den Gummiring preßt und verhindert, daß das durch das Erhitzen keimfrei gewordene Fleisch erneut von den allgegenwärtigen Mikroorganismen befallen werden kann. Um das Glas schließlich zum Gebrauch zu öffnen, muß an der Zunge des Gummirings gezogen werden; die Luft dringt daraufhin mit deutlich hörbarem Zischen ein.

Es kann in diesem Buch keine detaillierte Anweisung für das Einkochen gegeben werden, aber es soll noch auf die Möglichkeit verwiesen werden, mit dem Dampfkochtopf einzukochen. Sinnvoll ist das immer dann, wenn nur bis zu drei Gläser eingekocht werden sollen; es gibt spezielle Gläser, die in jeden Dampfkochtopf ab 5 Liter passen. Die Einkochzeit beträgt nur noch ein Viertel, liegt also zwischen 25 und 30 Minuten. Dementsprechend wird auch das Einkochgut geschont. Bevor man die nächsten Gläser einkochen kann, muß man allerdings längere Zeit waren, denn der Topf darf nicht abgedampft werden, sondern muß allmählich abkühlen und seinen Überdruck verlieren.

Das letzte Konservierungsverfahren für Schaffleisch, das hier erwähnt werden soll, ist insofern von besonderem Interesse, als wir damit einen Brotbelag herstellen können: das Wursten. Grundsätzlich können aus Schaffleisch eine Vielzahl von Würsten hergestellt werden. Da es aber mager ist, eignet es sich am besten zu einer salamiartigen Dauerwurst. Selbst dazu benötigen wir als Ergänzung fettes Schweinefleisch, weil sonst unsere Dauerwurst einfach zu trocken wird.

Das Verhältnis zwischen Schaf- und Schweinefleisch sollte etwa 1:1 betragen, kann aber etwas variiert werden. Natürlich verwenden wir vom Schaf nur die minderwertigeren Fleischstücke, und auch vom Schwein ist fettes Bauchfleisch am besten geeignet.

Die Schaf- und Schweinefleisch-Stücke werden abwechselnd durch den Fleischwolf gedreht und dabei gut vermischt. Anschließend wird die Wurstmasse nach Geschmack gewürzt; als Salz verwenden wir Pökelsalz, das zum Konservierungseffekt beiträgt. Wie und womit wir würzen, ist eine Frage des persönlichen Geschmacks, allerdings sollten wir Zwiebeln meiden, wenn wir verhindern wollen, daß die Wurst sich grau färbt. Etwas Zukker und Salpeter sorgt hingegen dafür, daß die Fleischfarbe erhalten bleibt.

Wichtig zu wissen ist, das zurückhaltend gewürzt werden muß, weil sich die Würze während des Reifeprozesses der Wurst erst richtig durchsetzt.

Die gewürzte Wurstmasse wird in die gewaschenen Schafdärme gefüllt und dicht gepreßt. Schafdärme eignen sich vorzüglich als Wursthäute. In geeigneter Länge werden die Würste abgebunden und in einem kühlen Raum zum Reifen aufgehängt; die Temperatur sollte um 15 Grad liegen und möglichst nicht höher als 20 Grad, aber auch nicht tiefer als 10 Grad sein. Nach ein bis zwei Wochen sind die Würste luftgetrocknet.

Eine Verbesserung des Geschmacks und der Haltbarkeit wird durch ein abschließendes Räuchern erreicht. Dabei sollte möglichst wenig Wärme auf die Würste einwirken, sondern nur der Rauch. Auch für das Räuchern sind ein bis zwei Wochen, ganz nach Geschmack, angemessen.

Wenn Sie jetzt befürchten, daß diese eine Wurstsorte Ihnen mit der Zeit zu eintönig wird, dann sei noch einmal darauf hingewiesen, daß Sie durch eine Variation des Verhältnisses von Schweine- und Schaffleisch, durch unterschiedliches Würzen und schließlich durch die Dauer des Räucherns (oder einen Verzicht darauf) sehr unterschiedliche Geschmacksrichtungen erzielen können.

Kommen wir nun zu der Zubereitung des frischen oder auf die eine oder andere beschriebene Art konservierten Schaffleisches. Auch hierbei gilt der Grundsatz, daß alle für anderes mageres Fleisch geeigneten Rezepte auch für Schaffleisch geeignet sind. So ist etwa Schaffleisch auch für die meisten Wildrezepte brauchbar!

Der bei uns geradezu lächerlich geringe Schaffleisch-Konsum ist von der Qualität des Schaf- bzw. besser des fast ausschließlich zum Verzehr kommenden Lammfleisches her völlig unbegründet. Im Gegenteil ist Lammfleisch nicht nur das gesündeste Fleisch unter allen Fleischarten unserer Nutztiere, sondern auch eines der schmackhaftesten. Der schlechte Ruf des Schaffleisches stammt aus jener Zeit, da Schafe vorwiegend ihrer Wolle wegen gehalten wurden und erst als zähe Altschafe zum Verzehr gelangten. Zudem hat das Fett der Schafe die Eigenart, bereits bei relativ niedrigen Temperaturen zu stocken und dann dem Fleisch einen talgigen Geschmack zu verleihen. Deshalb gehört es zu den wichtigsten Grundsätzen bei der Zubereitung von Schaffleisch, es möglichst heiß zu servieren.

Bevor wir uns einige typische Arten der Zubereitung für Schaffleisch etwas näher betrachten, sollen die zum Verzehr geeigneten Körperteile des Schafes und ihre besten Eigenschaften kurz beschrieben werden.

Zunächst einmal wird der Körper des geschlachteten, abgehäuteten und ausgenommenen Lammes zerteilt, nachdem die verwertbaren Innereien bereits beiseitegelegt sind (Herz, Nieren, Leber, evtl. Lunge, Därme für Wurst, Zunge). Sodann löst man die Keulen und die Blätter (Schulter, Bug) aus dem Rumpf. Wie das gemacht wird, bzw. wo die Schnitte zu führen sind, kann man erfühlen, wenn man die Stellen abtastet, an denen diese Extremitäten am Körper angewachsen sind.

Das noch vor den Keulen beste Stück ist der Rücken. Er liegt zwischen den Keulen und der Schulter, nach vorn schließen sich Nacken und Hals an, nach unten Rippen und Bauch. An der Hinterseite des Rückens sitzen die Lenden (Filets). Wo am Rücken die Rippen und der Nacken abzutrennen sind, sollte man sich zeigen lassen; er sollte jedenfalls durchgehend die gleiche Breite haben. Meistens wird der Rücken noch einmal geteilt.

Rücken, Nacken, Blätter und Keulen sind die wertvollsten Körperteile. Den Rücken kann man teilweise zu den begehrten Lammkoteletts verarbeiten, braten oder schmoren; ebenso sind die anderen Teile zu braten und zu schmoren. Zum Kochen sind sie zu schade, dafür bietet sich das Fleisch der restlichen Körperteile an.

Mit dem Grillen ist das so eine Sache. Während ein in der Pfanne gebratenes Stück Fleisch allseitig angebraten wird und auf diese Weise der Fleischsaft nicht austreten kann, wird der Garungseffekt beim Grillen durch die heiße Luft bewirkt, die nicht sofort die Fleischporen schließt. Deshalb ist insbesondere fettes Fleisch zum Grillen geeignet, bei dem es erwünscht ist, wenn das durch die Hitze flüssig gewordene Fett austritt und das Fleisch innen locker und außen knusprig macht. Lämmer haben kaum fettes Fleisch.

Das wohl attraktivste Gericht ist im Sommer das Grillen eines ganzen Lammes am offenen Lagerfeuer, wenn Sie zahlreiche Gäste haben. Das Problem liegt darin, daß das Lamm keinesfalls von den Flammen gebraten werden darf, sondern durch die Hitze gegrillt werden muß. Dazu ist es erforderlich, zu warten, bis das Lagerfeuer zur Glut heruntergebrannt ist. Abhängig von der Größe des Lammes und der Intensität der entwickelten Hitze dauert es mehrere Stunden, bevor das Lamm gar ist; wenn Sie das Lamm zu dicht an die Glut bringen, verbrennt es außen und ist innen roh. Da die Glut nicht mehrere Stunden vorhält, brauchen Sie ein zweites Feuer, um das Sie sitzen, während das Lamm über der Glut des ersten Feuers gegrillt wird; die Glut des heruntergebrannten zweiten Feuers dient dann dazu, daß Lamm fertigzugrillen.

Ob das Lamm auf einem Rost oder zünftig am Spieß gegrillt wird, ist nicht entscheidend. Es muß aber häufig gewendet oder ständig gedreht werden, um von allen Seiten gar zu werden. Auch muß der Rost oder Grillspieß in der Höhe verstellbar sein, um ihn der zunächst starken, später abnehmenden Hitzeentwicklung anzupassen.

Da das Lamm mager ist, sollte es mit Speck gespickt werden; würzen können wir es nach Belieben, eventuell auch einige Tage in eine Marinade ein-

Beispiel für die Aufteilung eines Schafkörpers

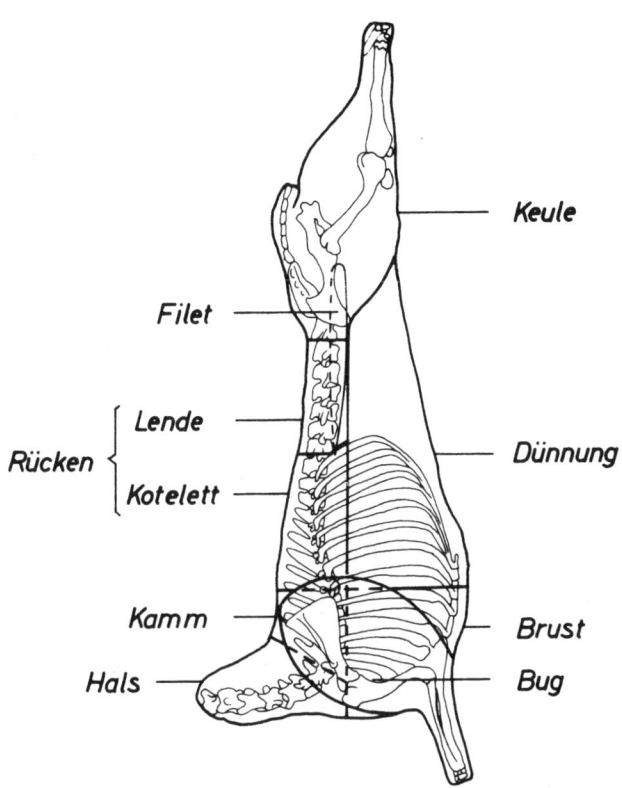

Keule

Filet

Lende

Rücken

Kotelett

Dünnung

Kamm

Brust

Hals

Bug

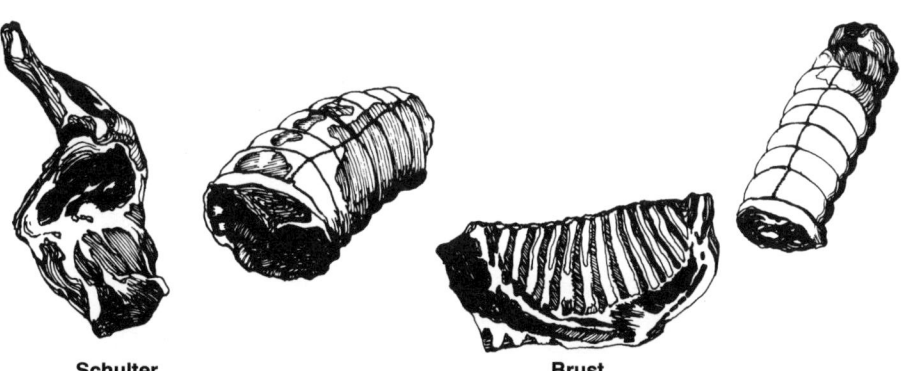

Schulter
links: wie gewachsen
rechts: entbeint und gerollt

Brust
links: wie gewachsen
rechts: entbeint und gerollt

(Quelle: CMA)

57

legen. Grillen wir es am Drehspieß, ist darauf zu achten, daß es möglichst gleichmäßig auf dem Spieß sitzt, damit nicht die weiter hervorstehenden Körperteile verbrennen, die anderen aber roh bleiben.

Einen Lammbraten aus einem Teil des Rückens oder der Keule, evtl. auch aus Nacken oder Blatt, bereitet man im Bräter oder im Backofen. In jedem Fall sollte das Fleischstück zunächst allseitig angebraten werden, damit die Poren verschlossen sind und es eine appetitliche Farbe bekommt. Im Bräter muß etwas Flüssigkeit den Boden bedecken, im Backofen liegt der Braten auf dem Rost über der Fettpfanne, mit deren Inhalt er von Zeit zu Zeit gepinselt oder übergossen wird. Wieder einmal können Sie nach Belieben würzen; zu empfehlen sind Knoblauch, Majoran (Oregano), Thymian, Rosmarin, Lorbeerblatt, Zwiebeln, Pfeffer, evtl. Rotwein und gegen Ende des Bratvorgangs Salz.

Ein solcher Braten kann nicht nur von frischem Fleisch bereitet werden, sondern auch von tiefgefrorenem oder gepökeltem Fleisch. In allen Fällen beträgt die Bratzeit etwa 90 Minuten. Aus dem Bratenfond wird anschließend eine leckere Soße gezaubert. Eventuell ausgebratenes Fett sollte man abschöpfen, da es, wie wir wissen, rasch erstarrt.

Wie man Lammkoteletts brät, darf wohl als bekannt vorausgesetzt werden. Auf ähnliche Weise kann man das Fleisch der Keulen zu Schnitzeln schneiden und zubereiten. Beide werden nicht paniert.

Die klassischen Schaffleischgerichte beruhen, sofern es sich nicht um gebratene Stücke oder Innereien handelt, auf der Verwertung von Kleinfleisch von Hals, Rippen, Bauch, Brust und evtl. Blatt. Dafür finden sich in jedem Kochbuch eine Vielzahl von Rezepten für Gulasch, Ragout, Frikassee, Haschee usw., vor allem aber für die verschiedensten Eintöpfe.

Am bekanntesten unter diesen Gerichten ist wohl eines aus dem westeuropäischen Land mit dem höchsten Schaffleisch-Konsum, aus Irland: das Irish Stew. Dabei wird das in nicht zu kleine Stücke geschnittene Fleisch in Salzwasser vorgekocht (bei gepökeltem Fleisch ungesalzenes Wasser). Dann legt man schichtweise verschiedene zerkleinerte Gemüse (Lauch, Wirsing, Zwiebeln, Gelbe Rüben, Sellerieknollen, Kartoffeln) abwechselnd mit dem Fleisch in einen Topf, gießt das Kochwasser darüber und dämpft alles etwa 90 bis 120 Minuten. Ähnlich und kaum weniger bekannt ist ein Eintopf aus Schaffleisch, Grünen Bohnen und Kartoffeln. Der orientalische Pilaw basiert auf Reis.

Ein wenig bekanntes, aber sehr schmackhaftes Rezept sei hier ausführlicher beschrieben: Persische Bohnen. Das gewürfelte Schaffleisch wird scharf angebraten und dann mit Fleischbrühe, gewürfelten Zwiebeln, Karotten und Sellerie, etwas Honig, Curry und Pfeffer eine Stunde bei mäßiger Hitze gekocht. Anschließend kommen weiße Bohnen (vorgekocht oder

58

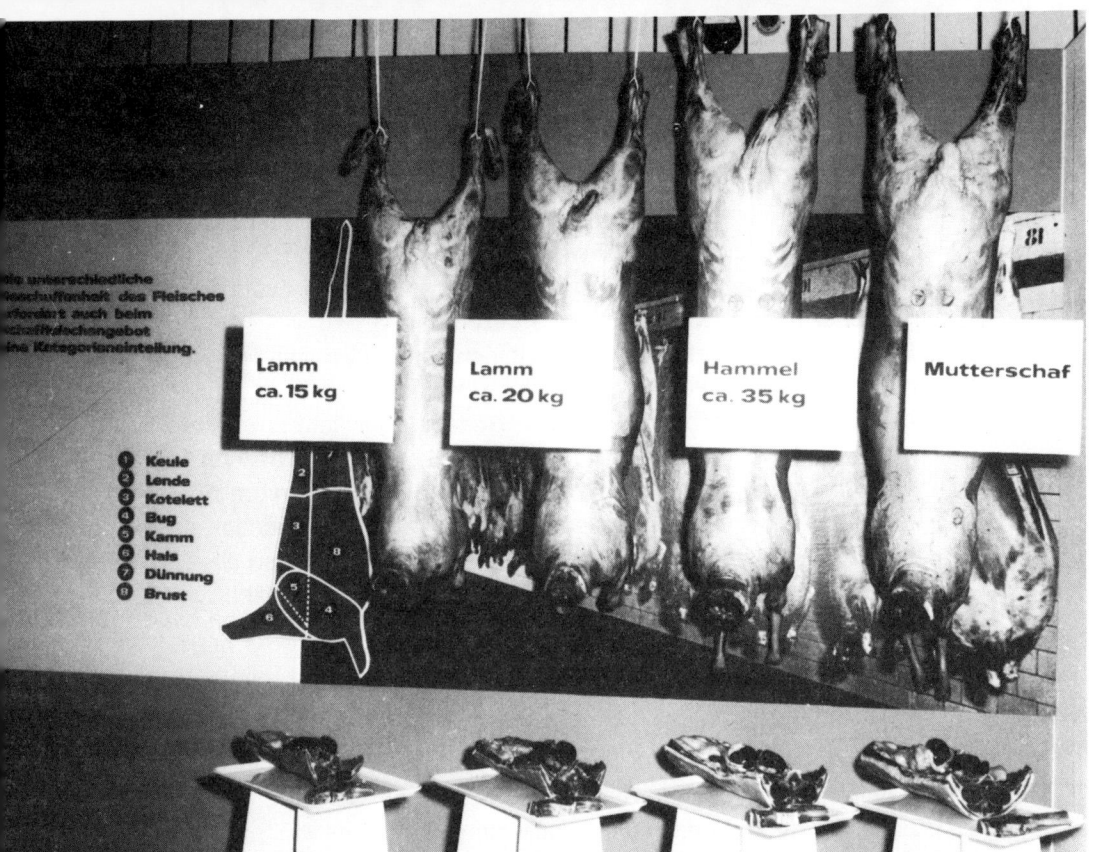

Im Bild links (teilweise verdeckt):
...e unterschiedliche
...eschaffenheit des Fleisches
...fordert auch beim
...chlachtviehangebot
...ine Kategorieneinteilung.

Lamm
ca. 15 kg

Lamm
ca. 20 kg

Hammel
ca. 35 kg

Mutterschaf

1 Keule
2 Lende
3 Kotelett
4 Bug
5 Kamm
6 Hals
7 Dünnung
8 Brust

Schlachtkörper unterschiedlichen Alters.

aus der Büchse), Bohnenkraut und Knoblauch hinzu. Nach einer weiteren halben Stunde ist der Eintopf fertig.

Wie erwähnt: Rezepte gibt es zahlreich in jedem Kochbuch, nicht nur für Schaffleisch, sondern insbesondere auch für Wild; fast alle für Reh, Hirsch oder Hase geltenden Rezepte sind auch für Schaffleisch geeignet.

DIE MOLKEREIPRODUKTE

Dieses Kapitel wird in erster Linie die Milchschaf-Halter interessieren. Es mag aber auch die Halter anderer Schafrassen veranlassen, auf Milchschafe umzustellen, da die Molkereiprodukte sowohl vom gesundheitlichen Wert als auch von der wirtschaftlichen Bedeutung her wichtiger als die Fleischprodukte sind, sofern sich der damit verbundene Arbeitsaufwand bewältigen läßt. In einem früheren Buch habe ich einmal versucht, das Melken von Schafen zu beschreiben. Eine solche theoretische Einführung hat aber wenig Sinn, denn das Melken ist eine rein praktische Handfertigkeit, nicht unbedingt schwierig, aber eben nur durch praktische Übung erlernbar. Das Melken von Schafen ist etwas schwieriger als das von Ziegen oder Kühen, weil sie kürzere Zitzen haben.

Bei zeitlich verschobenen Deckterminen können wir ständig frische Milch haben, so daß wir nicht Vorräte für eine milchlose Zeit anlegen müssen und dem Konservieren nicht die gleiche Bedeutung zukommt wie bei Fleisch. Tatsächlich geht es in den meisten Fällen bei der Verarbeitung von Milch auch nicht in erster Linie um das Konservieren, sondern um die Zubereitung von besonders schmackhaften und vielseitig verwendbaren Produkten. Etwas anderes galt früher für die Almwirtschaft, wenn das Milchvieh während des Sommers auf abgelegenen Bergweiden gehalten wurde, betreut von einem Senn oder einer Sennerin, die die ermolkene Milch bis zum Almabtrieb haltbar machen mußten.

Es unterliegt keinem Zweifel, daß die Schafmilch der Milch von Kuh oder Ziege nicht nur in ihrem Nährwert, sondern auch in ihrem gesundheitlichen Wert überlegen ist (siehe Tabelle 8). Deshalb ist es wohl auch kein reiner Zufall, daß die Menschen mit der höchsten Lebenserwartung in Gegenden unserer Erde wohnen, wo man sich zum großen Teil von Schafmilch-Produkten ernährt.

Der Vitamingehalt der Schafmilch (siehe Tabelle 9) ist jener der Kuhmilch sehr deutlich, teilweise um das Mehrfache, überlegen. Ihr besonderer medizinischer Wert, möglicherweise auch die Ursache dafür, daß das Schaf das einzige krebsresistente Haustier ist, liegt vor allem in ihrem konkurrenzlos hohen Gehalt an Orotsäure. Diese Orotsäure ist erst relativ spät entdeckt worden und wird seit einigen Jahren als Vitamin B_{13} bezeichnet. Sie zeichnet sich neben anderen guten Eigenschaften durch ihre das Zellgewebe regenerierende Wirkung aus, was ihre Bedeutung in der Geriatrie erklären mag.

Der Orotsäuregehalt der Schafmilch ist (nach Schwörbel) etwa viermal so hoch wie bei der Kuhmilch, mehr als sechsmal so hoch wie bei der Ziegenmilch und 60mal (!) so hoch wie bei uns Menschen.

Einer anderen Bedeutung zufolge beruht die Krebsresistenz der Schafe auf dem Amygdalingehalt (Vitamin B_{17}) ihres Futters. Wie dem auch sei – der gesundheitliche Wert der Schafmilch ist unbestritten und konkurrenzlos. Deshalb sollten wir über aller Begeisterung für die verschiedenen Molkereiprodukte auch die frische Trinkmilch nicht vergessen, ist doch mit der Verarbeitung in fast allen Fällen ein Wirkstoffverlust verbunden. Selbst wenn vorübergehend alle unsere Milchschafe trockenstehen, müssen wir

60

auf Frischmilch nicht verzichten, wenn wir sie melkfrisch tiefgefrieren; sie ist dann längere Zeit ohne nennenswerten Wirkstoff-Verlust lagerbar. Im Vergleich zur Ziegenmilch hat die Schafmilch nur einen wenig ausgeprägten Eigengeschmack. Wenn wir wollen, können wir den Geschmack der Trinkmilch auch beeinflussen – mit untergemischten Früchten etwa, auch tiefgekühlten, oder mit Marmelade, Gelee oder Obstsaft.

Die erste Milchvariation, die wir kennenlernen wollen, ist die sauere Milch. Dabei wirken verschiedene Gärungspilze und Bakterien auf die Milch ein, indem sie den Milchzucker (Laktose) in Milchsäure umwandeln; je nach Art der einwirkenden Erreger werden der Geschmack und die Eigenschaften der Milch beeinflußt. Schafmilch wird ganz von selbst sauer, wenn wir sie stehen lassen, leichter sogar noch als Kuhmilch. Nur will sie nicht so ohne weiteres gerinnen – sie dickt schlecht ein. Wer Wert auf Dickmilch legt, kann sie mit in Apotheken oder Drogerien erhältlichem Lab stocken lassen. Es sind dazu nur minimale Mengen erforderlich.

Auch Joghurt ist nichts anderes als gesäuerte Milch; in seiner Heimat Bulgarien wird er sogar ausschließlich aus Schafmilch bereitet, nicht aus Kuhmilch wie bei uns, was bei dem ungleich höheren Wert der Schafmilch auch verständlich ist. Für den besonderen Geschmack von Joghurt sorgen bestimmte Bakterien-Kulturen, die zu ihrer Entwicklung eine konstante Wärme von recht exakt 40 Grad benötigen. Die Joghurt-Herstellung ist denkbar einfach. Frische Schafmilch wird langsam auf 40 Grad erwärmt, was recht genau der ursprünglichen Körpertemperatur entspricht. Nun mischen wir etwas Joghurt von einer Sorte unter, die uns besonders gut schmeckt. Die solcherart geimpfte Milch wird gut umgerührt und drei bis vier Stunden lang bei konstant 40 Grad gehalten. Dafür gibt es eigene, elektrisch beheizte Joghurt-Behälter, wir können aber auch improvisieren. Nach drei bis vier Stunden ist die Milch sauer, aber noch dünnflüssig. Jetzt stellen wir den Behälter in den Kühlschrank, am nächsten Tag ist dann unser Joghurt fertig. Bei kühler Aufbewahrung bleibt er längere Zeit unverändert. Er kann nach Belieben mit Marmelade-Zusatz im Geschmack verbessert werden.

Wenn wir die uns am besten zusagende unter den vielen Joghurt-Kulturen gefunden haben, werden wir bemüht sein, sie uns selbst zu erhalten. Zu diesem Zweck heben wir immer etwas alten Joghurt auf, den wir dann frischer Schafmilch zusetzen und auf diese Weise neuen Joghurt erzeugen. Nach zwei- bis dreimaliger Wiederholung hat sich der Pilz an den neuen Nährboden (Schaf- statt Kuhmilch) gewöhnt, die Joghurt-Bereitung ist dadurch noch rascher möglich. Sollte einmal einige Zeit keine Frischmilch verfügbar sein, weil alle Milchschafe trocken stehen, können wir einen Rest Joghurt längere Zeit tiefgekühlt aufbewahren, ohne daß der Pilz abstirbt.

Der Kefir kommt aus dem Kaukasus, wird auch bei uns immer beliebter und in seiner Heimat wie der bulgarische Joghurt ausschließlich aus Schaf- milch hergestellt. Bei Kefir wird nur ein Teil der Laktose in Milchsäure um- gesetzt, der Rest in Alkohol! Allerdings wird es schwer halten, von Kefir be- trunken zu werden, denn der Alkoholgehalt beträgt allenfalls ein Prozent. Der medizinische Wert von Kefir ist sehr groß, insbesondere bei Magen- Darm-Leiden und bei Stoffwechsel-Erkrankungen. Kefir bildet kleine Koh- lesäure-Blasen – er moussiert.

Die Kefir-Bereitung ist sogar noch einfacher als jene von Joghurt, weil auf Einhaltung einer bestimmten Wärme verzichtet werden kann. Man kauft normalen Kuhmilch-Kefir und setzt ihn in Schafmilch an. Bei Zimmertem- peratur hat man dann am nächsten Tag Kefir – ein Teil davon dient als Ba- sis für den nächsten Ansatz, usw. Der Nachteil des Kefir gegenüber dem Joghurt besteht darin, daß er kurzfristig verbraucht werden muß, weil er sonst nachsäuert.

Quark erhalten wir wie Dickmilch, indem wir saurer Milch Lab zusetzen – ohne Lab stockt sie nicht. Sobald die Milch gestockt ist, lassen wir das ab- gesonderte Wasser durch ein Tuch ablaufen; auspressen sollten wir den Quark nicht, weil er so fein ist, daß wir davon zu viel durch das Seihtuch drücken. Der fertige Quark kann auf unendlich vielseitige Weise im Ge- schmack beeinflußt werden – durch Salz, Zucker, Kräuter, Marmelade, Früchte usw. Auch können wir Rahm, Butter, Joghurt oder Kefir untermi- schen und auf diese Weise gleichfals seinen Geschmack ändern, sowie daraus zahlreiche Gerichte bereiten.

Besonders wichtig und interessant für Selbstversorger mit Milchschaf-Hal- tung ist die Butter-Herstellung. Butter enthält rund 80 Prozent Fett; aus 15 Liter Schafmilch zu 6 Prozent Fett erhalten wir ein Kilogramm Butter. Die nahrhafte Butter kann als Brotaufstrich, zum Braten, Kochen usw. vielseitig verwendet werden. Im Prinzip geht es bei der Herstellung von Butter nur darum, der Milch ihr Fett zu entziehen.

Da Fett leichter ist als die meisten anderen Bestandteile der Milch, insbe- sondere das Wasser, aus dem sich rund 85 Prozent der Milch zusammen- setzen, steigt es allmählich nach oben, wenn wir die Milch längere Zeit ru- hig in einem flachen Gefäß stehen lassen – es bildet sich an der Oberfläche die bekannte Rahmschicht. Allerdings besteht Rahm nicht nur aus Fett, und nicht alles in der Milch gelöste Fett steigt als Rahm an die Oberfläche. Dennoch ist der Rahm die Basis für unsere Butter. Bei Schafmilch dauert es länger als bei Kuhmilch, bevor sich der Rahm abgesetzt hat – bis zu zwei Tage. Dafür sondert Schafmilch aber auch mehr Rahm ab.

Eine wesentlich höhere Fettausbeute und damit natürlich auch mehr Butter pro Liter Frischmilch können wir erhalten, wenn wir die Milch zentrifugieren. Völlig ausreichend für Selbstversorger ist eine als Aufsatz für manche Küchenmaschinen lieferbare Zentrifuge. Ein weiterer Vorteil des Zentrifugierens ist es, daß der Milch sofort der Rahm entzogen werden kann, ohne zu warten, bis er sich abgesetzt hat. Allerdings ist durch eine Zentrifuge konsequent entrahmte Milch nicht mehr zur Weiterverarbeitung zu festem Schnittkäse geeignet, im Gegensatz zu von Hand entrahmter Milch.

Butter läßt sich wohl aus frischem Rahm bereiten, wir werden den Rahm aber wegen der besseren Haltbarkeit leicht ansäuern lassen. Das hat auch den Vorteil, daß wir nicht jedesmal geringe Mengen verbuttern müssen, die bei wenigen Milchschafen täglich anfallen. Wir können vielmehr den Rahm in einem Keramik-, Glas- oder notfalls auch einem Plastik-Behälter zwei bis drei Tage kühl aufbewahren. Er wird dann von selbst sauer, und wir können eine größere Menge Rahm auf einmal verbuttern. Zum Schutz vor Verunreinigungen decken wir das Gefäß mit einem Tuch ab.

Zum Buttern relativ geringer Rahmmengen genügt ein elektrischer Rührstab, notfalls sogar ein normaler Kochlöffel, mit dem wir den Rahm fleißig umrühren. Man kann auch den Rahm in einen fest verschließbaren Behälter füllen, etwa in eine bauchige Flasche, und diese wie ein Barmixer seinen Shaker schütteln.

Vor dem Buttern sollte der Rahm kühl sein (etwa 10 Grad, bei Kuhmilch 20 Grad), was am einfachsten im Gemüsefach des Kühlschranks erreicht werden kann. Ist er durch zu langes Stehen zu sehr eingedickt, müssen wir unter Umständen etwas Wasser hinzugeben.

Nach einer Bearbeitungszeit von höchstens zehn Minuten sollte der Rahm sich in Buttermilch und Fettkügelchen trennen. Die Buttermilch wird dann durch ein Tuch, Sieb oder dergleichen abgegossen (aber natürlich nicht weggegossen), und der Butterklumpen, dessen Gewicht recht genau der Hälfte der ursprünglichen Rahmmenge entspricht, gewaschen.

Der Sinn des Waschens ist es, alle noch in der Butter enthaltenen wasserlöslichen Substanzen herauszuspülen. Das sollte sehr gründlich geschehen, weil sonst die Butter leicht ranzig wird und schlecht schmeckt. Am einfachsten erfolgt das Waschen mit zwei Küchenbrettchen, möglichst mit Griff, zwischen denen die Butter unter Zusatz von mehrmals zu wechselndem frischen Wasser so lange geknetet wird, bis das Wasser völlig klar bleibt und alles Wasser aus der Butter herausgedrückt ist. Das Kneten ist bei Schafbutter leichter als bei Kuhbutter, weil sie weicher ist.

Haltbarkeit und (für den, der es mag) Geschmack der Butter werden verbessert, wenn wir etwas Salz einarbeiten – pro Kilogramm Butter zwischen 10 und 30 Gramm Salz. Ist die Butter zu salzig geraten, kann das Salz unter Zugabe von Wasser wieder herausgewaschen werden. Schafbutter ist sehr weiß und kann auf Wunsch mit Karottensaft gelblich gefärbt werden.

Der letzte Akt bei der Butterherstellung ist die verbrauchsfreundliche Aufbereitung und Aufbewahrung. Es gibt sehr hübsche Butterformen, die auf der Butter beliebige Muster eindrücken – etwa Ihre Initialen! Man kann aber auch schlichte, glattwandige Plastikgefäße nehmen, um die Butter zu formen. Die Butter wird fest in die Form hineingedrückt, dann wird das Plastikgefäß in heißem Wasser erwärmt, bis die außen glitschig gewordene Butter herausrutscht.

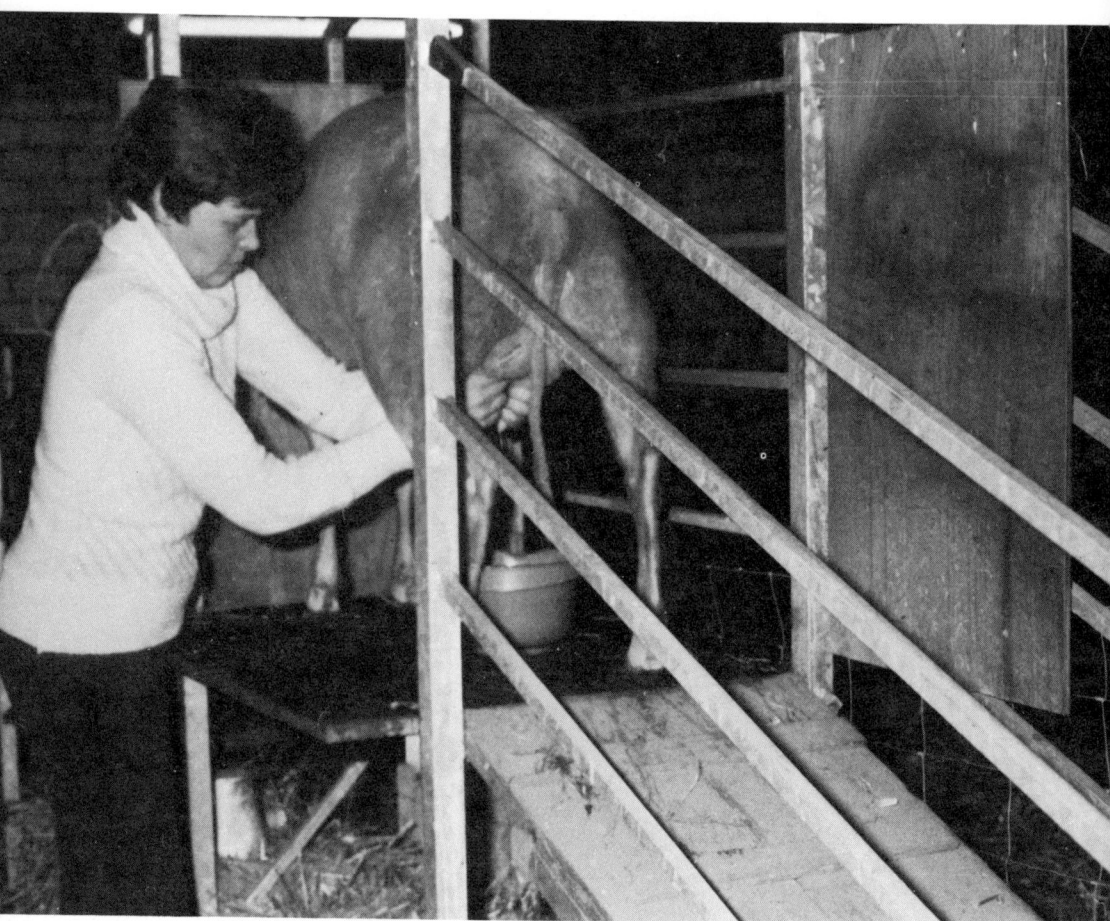

Zum Melken empfiehlt es sich, das Milchschaf über eine Planke auf eine erhöhte Plattform zu treiben und ihm dort Futter anzubieten.

Rechte Seite: Bei mehreren Milchschafen kann eine automatische Melkanlage sinnvoll sein.

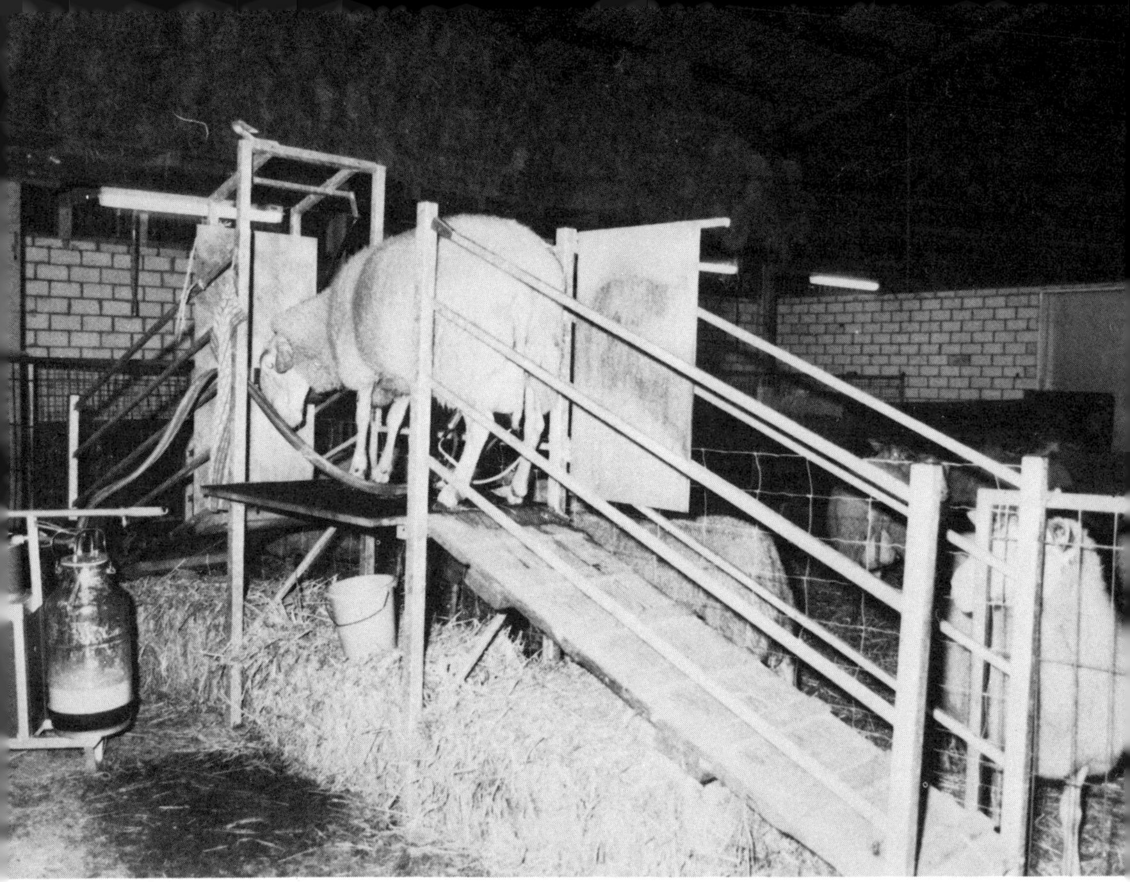

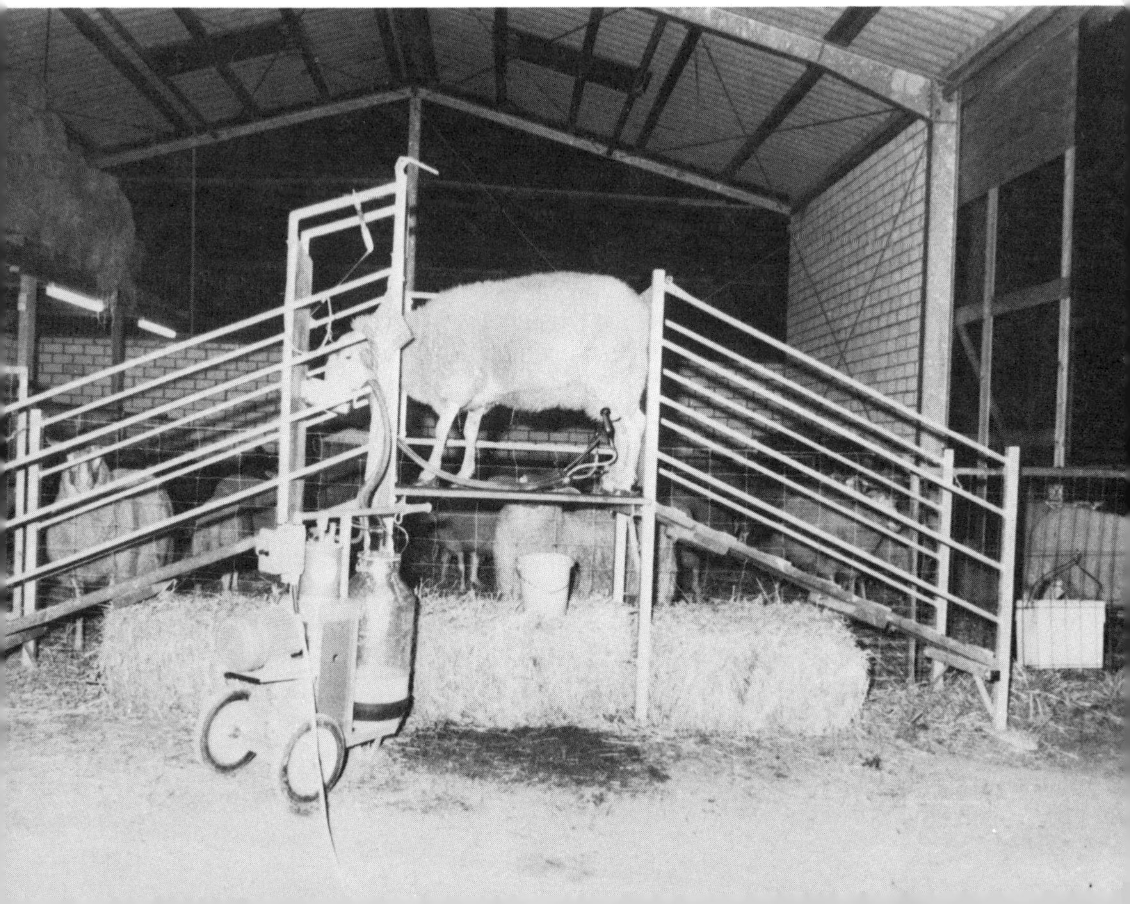

Am zweckmäßigsten ist es, wenn man mehrere kleine und hübsche, etwa ein Pfund fassende Keramikgefäße hat, in die man die Butter füllt und in denen man sie aufbewahrt, um sie schließlich direkt daraus zu verbrauchen. Diese Keramiktöpfchen werden mit Stoff verschlossen und sollten so aufbewahrt werden, daß man die zuerst gefüllten Töpfchen auch zuerst verbraucht. Leicht gesalzene Butter ist, kühl aufbewahrt, Monate lang haltbar.

Ein außerordentlich vielseitiges Molkereiprodukt ist der Käse. Er kann aus süßer oder saurer Milch, die nicht, teilweise oder (fast) völlig entrahmt wurde, aus Rahm, Buttermilch, Molke und diversen Mischungen hergestellt werden. Ein Teil des in der Milch enthaltenen Wassers muß entzogen werden; das Käseeiweiß (Kasein) muß gerinnen und dadurch unlöslich werden.

Das kann durch Säuerung oder durch Labzusatz geschehen. Bei Schafmilch ist Lab, wie wir wissen, wichtig, weil sie sonst schlecht stockt. Lab wird aus dem Magen von Wiederkäuern, fast immer aus Kälbermägen, gewonnen. Diese werden zerkleinert, getrocknet und in eine Lösung gelegt, die das Lab aufnimmt. Lab gibt es flüssig, als Pulver und in Tablettenform. Den Kälbern dient es dazu, das tierische Eiweiß der Milch zu verwerten, wozu sie mit den Verdauungsorganen eines Pflanzenfressers ansonsten nicht so ohne weiteres in der Lage wären.

Grundsätzlich werden Sauermilch- und Süßmilch-Käse unterschieden, je nachdem, ob die Milch frisch oder angesäuert war. Bekannte Sauermilchkäse sind u. a. Schichtkäse (2 Schichten Sauermilch-, 1 Schicht Rahmquark), Liptauer, Korbkäse, Harzer.

Süßmilchkäse wird zusätzlich nach seiner Festigkeit unterteilt nach Hart-, Schnitt- und Weichkäse. Zu den Hartkäsen gehören u. a. Parmesan, Schweizer, Emmentaler; bekannte Schnittkäse sind u. a. Edamer, Tilsiter und Chester; als Weichkäse gelten u. a. Limburger, Bel Paese, Butterkäse, Romadour, Camembert, Brie, Roquefort, Gervais.

In einer dritten Gruppe werden die Koch- und Schmelzkäse zusammengefaßt, die aus Sauermilch- oder Süßmilchkäse hergestellt werden, wobei man sie erhitzt und ihnen Gewürze und andere Zutaten zur Geschmacksbeeinflussung beimischt. Da durch das Erhitzen wertvolle Inhaltsstoffe vernichtet werden, soll hier nicht näher auf sie eingegangen werden.

Der geronnene, von der Flüssigkeit getrennte Brei wird als „Bruch" bezeichnet. Einen recht ordentlichen Käse erhält man, indem man lediglich Quark salzt, gut abtropfen läßt, straff mit einem Tuch umwickelt und beliebig lange zwischen einigen Tagen und einigen Wochen hängend aufbewahrt.

Bei dem für alle Käsearten wichtigen Reifeprozeß werden Eiweiß, Milchzucker und Fett durch Mikroorganismen verändert. Die Art der Einwirkung beeinflussen wir vor allem durch die Lagertemperatur und die Lagerdauer, aber auch durch den im Käse noch vorhandenen Wasseranteil und die Zusammensetzung der Trockenmasse, in erster Linie also durch den Fettgehalt.

Der auf Käsepackungen angegebene Fettgehalt bezieht sich stets auf die Trockenmasse. Jeder Käse enthält ja noch mehr oder weniger viel Waser, das bei der Angabe des Fettgehalts unberücksichtigt bleibt. Ein breiartiger Käse mit relativ hohem Wassergehalt und einem angegebenen Fettgehalt von 50 Prozent enthält also pro Kilogramm wesentlich weniger Fett als ein gleichfalls mit 50 Prozent Fett ausgewiesener Hartkäse.

Nach dem Fettgehalt der Trockenmasse werden die Käsesorten in acht Kategorien unterteilt, die vom Doppelrahmkäse mit einem Gehalt von mindestens 60 Prozent bis herunter zum Magerkäse mit höchstens 10 Prozent Fettgehalt reichen.

Je mehr Wasser dem Bruch entzogen wird, um so härter wird der Käse nach der Ausreifung sein. Deshalb wird der Bruch normalerweise gepreßt. Im Haushalt begnügt man sich meistens mit dem Auflegen von Gewichten, es ist aber für etwas geschickte Bastler gar nicht so schwierig, sich aus einem ausgedienten Wagenheber eine Käsepresse zu konstruieren. Man beginnt zunächst mit mäßigem Druck und erhöht ihn dann in den nächsten Tagen immer mehr. Wird der Druck durch Beschweren erzeugt, kann man statt der Gewichte auch ein hohes Gefäß nehmen, das immer mehr mit Wasser gefüllt und auf diese Weise immer schwerer wird.

Wie Sie sich sicherlich denken können, muß Käse sich in einem Behälter, einer Form, befinden, wenn man durch Druck auf ihn einwirken will. Damit das herausgepreßte Wasser ablaufen kann, müssen diese Formen Löcher haben. Um aber zu verhindern, daß die Käsemasse durch diese Ablauflöcher gedrückt wird, legen wir die Form vor dem Einfüllen der Käsemasse mit einem durchlässigen Tuch aus; bewährt haben sich Windeln!

Kommen wir nun zur Praxis, zum grundsätzlichen Ablauf der Käseherstellung. Wie bei der Butter sollte sich der Aufwand lohnen; er ist für 20 Liter Milch praktisch ebenso groß wie für zwei Liter. Deshalb bewahren wir die Milch von zwei bis drei Tagen an einem kühlen Ort auf, etwa im Kühlschrank, oder wir frieren sie sogar ein, bis genug zusammengekommen ist. Wie bereits erwähnt, ist es möglich, den sich absetzenden Rahm abzunehmen und daraus Butter herzustellen, mit der auf diese Weise leicht entrahmten Milch aber dennoch einen festen und halbfetten Käse zu erzeugen. Im Sommer, wenn die meiste Milch anfällt, dürfte eine solche Doppelnutzung für Selbstversorger ideal sein.

Da nun aber einerseits der Rahm bei Schafmilch etwa 36 Stunden zum

Aufsteigen benötigt, andererseits die zu Käse weiterverarbeitete Milch unter normalen Umständen nicht länger als zwei, allerhöchstens drei Tage aufbewahrt werden sollte, ist die Doppelnutzung nur durch das Tiefgefrieren der frischen Milch zu verwirklichen. Hat man genug Milch beisammen, wird sie aufgetaut. Nachdem der Rahm sich abgesetzt hat, wird er abgeschöpft und die Milch weiterverarbeitet.

Zunächst verfahren wir wie bei der Quarkherstellung beschrieben, verwenden aber keine saure Milch, sondern Frischmilch (wobei tiefgekühlte Milch der Frischmilch gleichgesetzt wird), der wir zum Gerinnen Lab zusetzen. Nachdem das Wasser aus dem Seihtuch abgelaufen ist, wird der Bruch samt dem umhüllenden Seihtuch in eine Form gegeben und wie beschrieben gepreßt – der Deckel wird auf die Form gelegt und zunächst leicht, dann immer mehr beschwert. Nach ein bis zwei Tagen, je nach Größe des Käses, wird er aus der Form genommen, vom umhüllenden Tuch befreit und in eine starke Salzlake eingelegt, so daß er völlig bedeckt ist. In dieser Lake bleibt er einen Tag. Anschließend wird er abgetrocknet. Bewahren wir den Käselaib jetzt bei Zimmertemperatur von mindestens 20 Grad auf und wenden ihn zuweilen, können wir ihn bereits nach ein bis zwei Wochen essen. Bei kühler Temperatur – um zehn Grad, und verminderter Luftzufuhr benötigt er zur Reife etwa drei Monate und ist dann sehr gut haltbar geworden. Zuweilen wird er gewendet und abgewischt.

Im Prinzip ist damit die Herstellung aller festen Käsesorten beschrieben. Das Wasser kann besser entzogen werden, wenn man die Bruchmasse, nachdem man sie hat ablaufen lassen, in Würfel schneidet. Ein leichter Salzzusatz ist möglich. Die Löcher im Käse kommen übrigens von Gärungsgasen, vor allem von Kohlensäure. Der Reifeprozeß verläuft rascher, wenn der Käselaib nicht zu stark ist. Deswegen sind die meisten festen Käse nicht in Kugel- oder Würfelform gepreßt, sondern in die bekannten Wagenräder.

Während der Reifezeit entwickelt sich an der Oberfläche ein graublauer Belag. Es ist dies ein Edelschimmel, der den Geschmack beeinflußt. Wer ihn schätzt, kann ihn belassen, ansonsten wird er teilweise oder ganz abgeschabt. Wollen wir, daß der Käse auch innen vom Edelschimmel durchsetzt wird, wie das bei Roquefort, Gorgonzola und anderen Edelschimmel-Käsen der Fall ist, dann wenden wir eine Stricknadel im äußeren Schimmelbelag und durchstoßen mit dieser Stricknadel mehrfach den Käse, um ihn innen mit dem Schimmelpilz zu impfen.

Es gibt unzählige Käserezepte; seltsamerweise aber ist das Resultat, selbst wenn man sich streng an das Rezept hält, nicht einheitlich. Das liegt an den unterschiedlichen Mikroorganismen, die die Reife bewirken. Probieren geht über Studieren!

68

Milchschafe

WOLLE, FELLE, SEIFE, MIST

Die guten Eigenschaften der Wolle haben wir bereits kennengelernt. Trotz dieser guten Eigenschaften und obwohl verarbeitete Wolle recht teuer ist, sind die Erlöse geradezu lächerlich gering, wenn wir die ungereinigte Rohwolle verkaufen. Außerdem ist das Verkaufen gar nicht so einfach. Als Aufkäufer kommt praktisch nur die Deutsche Wollverwertung in Frage, die lediglich in Neu-Ulm, Paderborn und Husum Annahmestellen unterhält. Wolle ist nicht schwer, aber voluminös – das Verschicken lohnt Kosten und Aufwand kaum.

Es besteht allerdings die Möglichkeit, sich bei der Deutschen Wollverwertung statt einer Barzahlung für die angelieferte Wolle fertig verarbeitete Wollprodukte auszusuchen, aber engagierte Selbstversorger werden bemüht sein, die Wolle ihrer Schafe selbst zu verwerten und dabei eigene Vorstellungen zu verwirklichen.

Wer seine Wolle selbst verarbeiten will, muß sie zunächst einmal waschen. Soll die Wolle naturfarben weiterverarbeitet werden, werden wir sie in lau-

Schwarzkopf-Lamm: ein schwarzgesichtiges Teufelchen

warmem, weichem Wasser so behutsam wie möglich ohne Waschmittel waschen, so daß wohl die in ihr enthaltenen Schmutzpartikel und Verunreinigungen entfernt werden, das Wollfett (Lanolin) aber nur teilweise.

Bei gewerblich gewaschener Wolle wird das Wasser stärker erhitzt und es werden Waschmittel zugesetzt, so daß das in ihr enthaltene Wollfett völlig gelöst wird. Gewaschene Wolle ist wasserbindend (hygroskopisch), Rohwolle hingegen nimmt kaum Wasser auf. Das liegt an dem Wollfett Lanolin, dem auch noch hautpflegende und entzündungshemmende Wirkung zugeschrieben wird. Theoretisch dürften wir also das Lanolin, das als Grundstoff vieler hochwertiger Salben dient, überhaupt nicht herauswaschen, zumal durch die aneinanderklebenden Wollfasern das Verspinnen erleichtert wird. Allerdings verbreitet völlig ungewaschene Wolle den typischen Schafgeruch, was für ein Kleidungsstück kaum ideal sein dürfte. Problematischer noch ist der Umstand, daß ein Kleidungsstück aus Rohwolle nie gewaschen werden darf! Dabei würden natürlich das Wollfett und Fremdkörper herausgewaschen, so daß das Gewebe oder Gestrick durch die dabei entstehenden Hohlräume locker wird. Völlig ohne Waschen kommen wir also bei zu verarbeitender Wolle nicht aus, aber wo immer möglich verdient ganz behutsam gewaschene und damit noch teilweise lanolinhaltige Wolle den Vorzug für Kleidungsstücke, es sei denn, wir wollten die Wolle färben.

Zum Waschen benötigen wir reichlich weiches Wasser, am besten Regenwasser, das höchstens eine Temperatur von 50 Grad haben darf. Darin wird die Wolle eingeweicht und eine Viertelstunde lang mit den Händen durchgearbeitet. Anschließend heben wir sie heraus, schütten das Einweichwasser über unseren Komposthaufen und lassen die Wolle abtropfen.

Der zweite Waschgang erfolgt mit frischem Wasser gleicher Temperatur, dem wir, wenn die Wolle später gefärbt werden soll, ein Feinwaschmittel zusetzen. Da das Wollfett verhindert, daß die Wolle Farbe annimmt, muß es sorgfältig ausgewaschen werden. Falls die Wolle wider Erwarten noch immer nicht sauber sein sollte, müssen wir einen weiteren Waschvorgang nachschieben.

Die abschließenden Spülgänge dienen dazu, Waschmittelreste völlig zu entfernen. Mindestens zwei sind erforderlich, der erste bei einer Wassertemperatur von 30 Grad, der zweite bei zimmerwarmem Wasser. Wichtig ist, daß die Wolle nach jedem Spülgang gut abtropft und von Hand vorsichtig ausgedrückt wird.

Das Trocknen der gewaschenen Wolle darf keinesfalls bei zu hohen Temperaturen erfolgen, etwa am Ofen. Raumtemperatur ist völlig ausreichend; im Sommer trocknet Wolle am besten im Freien, locker auf ein Dreibein

(Heureuter) aufgesetzt. Wenn sie zwischendurch einmal naßregnet, schadet das nichts. Wir werden sie auch im Freien nicht der prallen Sonne aussetzen, sondern im Schatten trocknen, müssen dann aber dafür sorgen, daß vom Schattenspender, einem Baum etwa, bei Regen keine Verunreinigungen in die Wolle kommen können.

Die getrocknete Wolle muß bis zur Weiterverarbeitung luftig gelagert werden. Plastiksäcke würden ihre Atmung beeinträchtigen. Während noch stark wollfetthaltige Wolle von Motten nicht angegriffen wird, müssen wir ausgewaschene Wolle vor Mottenfraß schützen. Da die Wolle hygroskopisch ist, darf der Lagerraum nicht feucht sein, auch keine hohe Luftfeuchtigkeit haben. Noch stärker als Wolle ist Salz hygroskopisch, deshalb entzieht eine Schale mit Salz, in der Nähe der Wolle aufgestellt, der Luft ihre Feuchtigkeit und verhindert, daß die Wolle selbst feucht wird.

Die gewaschene, fettfreie Wolle wird gekämmt, um die Wollfasern einheitlich auszurichten. Dazu wird die Wolle zwischen zwei mit Stiften versehenen Brettchen beliebiger Form glattgestrichen. Früher wurde die Wolle mit einer Distelart, der Weberkarde, gekämmt.

Nun endlich ist die Wolle bereit, versponnen zu werden, sofern wir ihr keinen anderen Verwendungszweck zugedacht haben. Durch das Spinnen wird ein endloser Wollfaden erzeugt, indem die Wollfasern fortlaufend ineinander verdreht sind. Das einfachste dazu erforderliche Gerät ist eine Handspindel, die es je nach Herkunftsort in unterschiedlichen Ausführungen gibt. Im Prinzip ist eine Handspindel nichts anderes als ein Stab, der zum Rotieren gebracht wird und dabei den Wollfaden dreht.

Viel schneller kann mit einem Spinnrad gesponnen werden. Viele Jahr lang waren Spinnräder nur als teure Antiquitäten erhältlich, mittlerweile werden wieder funktionsfähige Spinnräder hergestellt, auch wenn sie vorwiegend als Dekorationsstücke gebraucht werden dürften. Die Technik des Spinnens, egal ob mit Handspindel oder mit Spinnrad, muß man sich zeigen lassen; schwierig ist sie eigentlich nicht, Anfängern will es freilich zunächst nicht gelingen, einen gleichmäßig starken Faden zu erzielen.

Den gesponnenen Faden können wir gleich weiterverarbeiten. Er verzieht sich allerdings leicht, weil die durch das Spinnen einseitig verdrehte Wolle in Längsrichtung nachgiebig ist. Das läßt sich ändern, indem wir zwei Wollfäden gegenläufig zu ihrer Spinnrichtung zu einem einzigen Faden zusammendrehen – mit der umgekehrt rotierenden Handspindel oder mit dem in Gegenrichtung drehenden Spinnrad. Der Doppelfaden ist auch reißfester geworden. Das Verdrehen von zwei Einzelfäden wird als Zwirnen bezeichnet. Die einseitige Drehung des versponnenen Einzelfadens wird dadurch aufgehoben, auch können wir Fäden unterschiedlicher Farbe verzwirnen und auf diese Weise melierte Wolle erhalten.

72

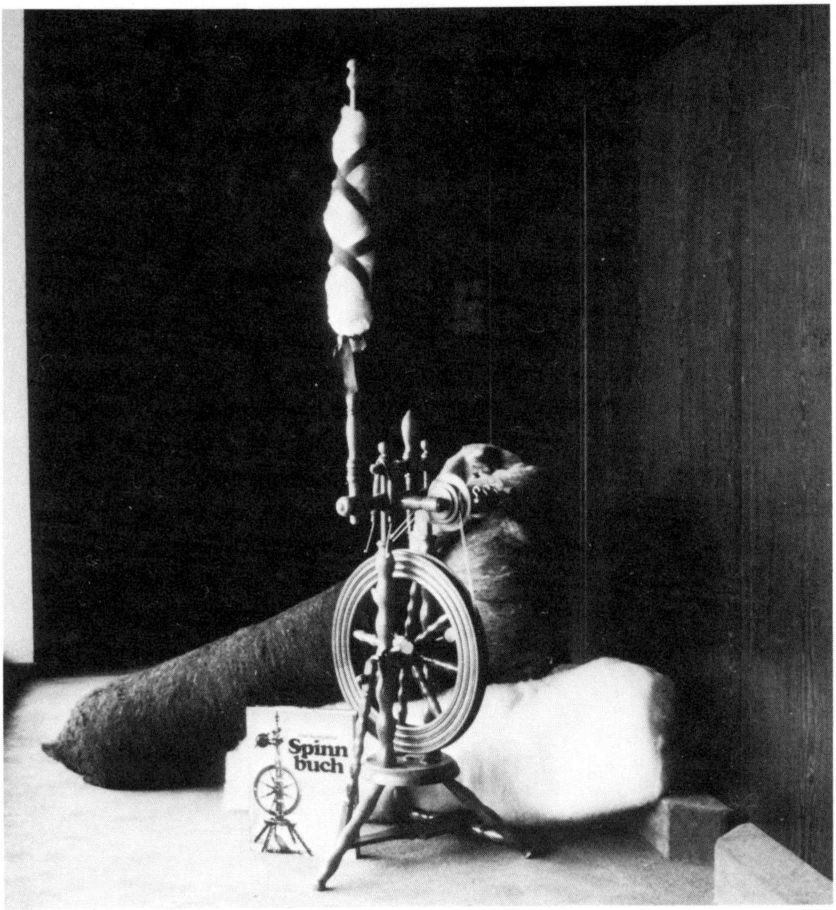

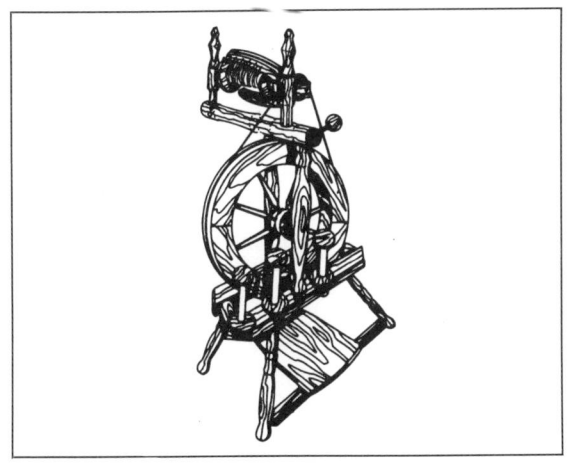

**Heute gelangt das
Spinnrad wieder zu
neuen Ehren.**

Spinnrad
(Quelle: Traub KG)

Jetzt wird die fertige Wolle aufgewickelt. An sich benötigen wir dazu keine Hilfsgeräte, sondern können sie (als Rechtshänder) über Ellenbogen und Hand des linken Arms aufwickeln. Flotter geht es aber mit einer Haspel – einem Handwickelgestell – oder gar mit einer kurbelbetätigten Garnwinde. Die aufgewickelte Wolle sollten wir noch einmal gründlich naß machen und wieder trocknen lassen, bevor wir sie weiterverarbeiten. Das ist kein weiterer Waschvorgang, sondern gibt der Wolle Gelegenheit, durch das Spinnen entstandene Spannungen auszugleichen; es wird verhindert, daß ein daraus gefertigtes Kleidungsstück sich später ausdehnt oder zusammenzieht.

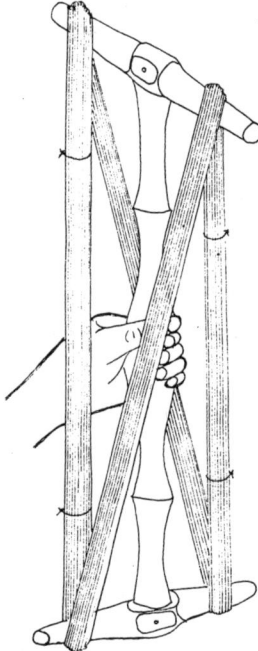

Kreuzhaspel (Nicker).
Einfacher Haspelstock zum Aufwickeln von Strängen mit einer Stranglänge von 90 cm.
(Quelle: Traub KG)

Das Färben erfolgt meist erst bei der fertig versponnenen und aufgewickelten Wolle. Es ist dank der heutigen Chemiefarben sehr einfach geworden – leider, wie manche Traditionalisten nicht ganz grundlos behaupten. Wenn Sie sich für die alten Methoden des Färbens mit Pflanzenfarben interessieren, kann Ihnen ein im Literaturverzeichnis aufgeführtes Buch dabei helfen, oder Sie müssen versuchen, jemanden zu finden, der diese aussterbende Kunst noch beherrscht. Das Färben mit Pflanzenfarben ist wesentlich schwerer als mit Chemiefarben, weil meistens zu dem eigentlichen Pflanzenwirkstoff als Farbträger noch ein Hilfsmittel kommen muß, das die Farbe erst zur Entwicklung kommen läßt.

Wer mit natürlichen Rohstoffen färben möchte, muß sich . . .

. . . sehr sorgfältig mit der Materie vertraut machen.

Die weitaus häufigste Methode der Verarbeitung fertiger Wolle ist im Hausgebrauch das Stricken in allen möglichen Variationen. Auch das Häkeln ist verbreitet und beliebt – mehr über diese Handfertigkeiten zu sagen, dürfte sich erübrigen. Leider ist das Gestrick für viele Kleidungsstücke zu weitmaschig, wir werden also auch einen dichteren Stoff herstellen müssen – durch Weben. Das Weben beruht darauf, in Längs- und Querrichtung verlaufende parallele Fäden wechselweise miteinander zu verschlingen; die Längsfäden sind die „Kette", die Querfäden der „Schuß". Es gibt verschiedene Techniken und demzufolge Gewebe mit unterschiedlichen Eigenschaften.

Bereits in der Jungsteinzeit, also vor rund 5000 Jahren, wurde das Weben erfunden. Für den Hausgebrauch werden wir uns eines verhältnismäßig kleinen und unkomplizierten Handwebstuhls bedienen; über die Technik des Handwebens, die verschiedenen, teilweise selbst herzustellenden Handwebstühle und die unterschiedlichen Eigenschaften der Gewebe gibt es einschlägige Literatur. Auch gibt es recht häufig Lehrgänge darüber an Volkshochschulen und ähnlichen Institutionen. Theoretisch können wir sogar feine Hemdenstoffe selbst herstellen, werden uns aber in den meisten Fällen damit begnügen, die Wolle unserer Schafe zu einem gröberen Kleidungsstück zu verarbeiten.

Nicht nur für die Bekleidung, sondern auch für das Bett ist die Wolle zu verwenden. Schließlich verbringen wir einen Großteil unseres Lebens im Bett, und wenn bestimmte Textilien sich als Bekleidung negativ auf unsere Gesundheit auswirken, ist es naheliegend, daß das Gleiche auch auf das Bett zutrifft.

Eine Matratze mit Wollfüllung herzustellen ist nicht ganz einfach, zumindest nicht ganz leicht zu beschreiben. Es wird in der Regel genügen und unseren Ehrgeiz befriedigen, wenn wir uns eine Matratzenauflage als Unterdecke und eine Steppdecke mit Wollfüllung herstellen. Wie das geschieht, ist in dem im Literaturverzeichnis aufgeführten Buch „Das Milchschaf" von Ida Schwintzer sehr gut beschrieben worden. Auch Wollkissen sind natürlich eine sinnvolle Ergänzung; sie müssen ebenso wie die Decken abgesteppt werden, damit sich die Wolle nicht verschiebt.

Für eine Decke benötigt man reichlich zwei Kilogramm Wolle, also etwa den Reinwoll-Jahresertrag eines Schafes. Die Wolle muß lediglich behutsam gewaschen werden. Manche Anfänger, die sich noch nicht an das Spinnen, Färben, Weben usw. herantrauen, können den Wollertrag ihrer wenigen Schafe einige Jahre lang für Decken und Kissen verarbeiten, bis die ganze Familie damit versorgt ist.

Selbst bei den wenigen Schafen eines Selbstversorger-Haushalts fallen recht viele Lammfelle an. Zunächst werden wir sie als Bettvorleger, Wand-

76

schmuck oder Auflagen für Sitzmöbel verwenden. Wer etwas ehrgeiziger ist, wird sie zu einfachen Kleidungsstücken verarbeiten wollen. Wenn Sie größere Ambitionen haben, können Sie vielleicht einen Mantel oder eine Jacke aus den Fellen schneidern oder die Felle wenigstens als Futter einarbeiten. Verhältnismäßig einfach ist ein ärmelloser Poncho herzustellen, praktisch nur eine runde oder quadratische Decke mit einem Ausschnitt für den Kopf in der Mitte.

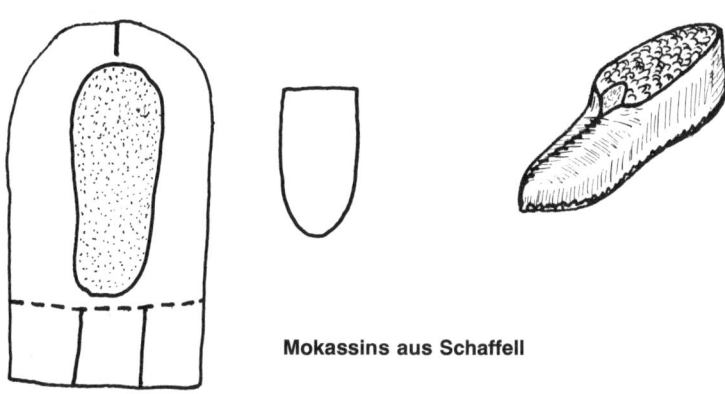

Mokassins aus Schaffell

Der Umriß des Fußes wird aufgezeichnet und ringsum etwa eine Fußbreite zugegeben. Vorn und hinten wird das Fell bis dicht an die Fußkontur eingeschnitten und dann um den Fuß geklappt. Wo dabei Fellteile übereinanderliegen, muß nachgeschnitten werden. Vor dem Zusammennähen wird die Zunge (rechts) angenäht (*Quelle: H. W.*).

Hausschuhe nach Art indianischer Mokassins können mit Ausnahme der Zunge aus einem einzigen Stück Lammfell hergestellt werden. Wie das geschieht, illustriert die Zeichnung. Solche Mokassins sind wohl einfach anzufertigen, aber leider auch wegen der weichen Sohle bald verschlissen. Deshalb hatten die Prärieindianer, deren Schuhwerk im Vergleich zu jenem der Waldindianer einem stärkeren Verschleiß ausgesetzt war, Mokassins mit separater Sohle aus hartem, ungegerbtem Leder. Solche Mokassins sind nicht viel schwieriger herzustellen. Einfacher ist es jedoch, Mokassins nach Art der Waldindianer aus einem Stück herzustellen und eine Sohle aus ungegerbtem Leder aufzukleben.

Zum Ledernähen gibt es spezielle Ahlen. Man locht die beiden zu verbindenden Lederstücke vor und näht mit zwei Nadeln gegenläufig, zieht also den Faden zur Hälfte durch das erste Loch, fädelt beide Enden auf jeweils eine Nadel und führt nun beide Nadeln von den entgegengesetzten Seiten durch jedes Loch. Will man verhindern, daß die gesamte Naht sich löst, sobald irgendwo der Faden gerissen ist, verknotet man die Fäden von Zeit zu Zeit oder gar nach jedem Stich.

Am leichtesten ist das Nähen mit einer im Versandhandel erhältlichen Ahle. Diese Ahle hat einen dicken Griff und eine integrierte Garnrolle, erübrigt bei weichem Schafleder ein Vorlochen und hat eine ähnliche Arbeitsweise wie eine Nähmaschine.

Fäustlinge herzustellen ist so einfach, daß sich wohl eine besondere Arbeitsanleitung erübrigt. Sie können übrigens außen recht gut mit einem Imprägnierungs-Spray vor Feuchtigkeit geschützt werden.

Es ist mir bis heute nicht gelungen, einen Verwendungszweck für Schafleder zu finden, der es rechtfertigen würde, die Felle durch das Entfernen der Haare zu Leder verarbeiten zu lassen. Vielleicht lohnt es sich, darüber nachzudenken, wenn man alle Möglichkeiten der Fellverarbeitung ausgeschöpft hat, aber das wird sehr lange dauern.

Von Zeit zu Zeit schlachten wir ein Altschaf mit stärkerem Fettansatz. Wie wir wissen, erstarrt Schaffett relativ rasch zu Talg, ist also für Küchenzwecke, zumindest im Übermaß, unbeliebt. Zum Wegwerfen ist es aber zu schade; wenn Sie keinen anderen Verwendungszweck dafür haben, können Sie ja einmal die Seifenherstellung probieren.

Ganz einfach ist die Herstellung flüssiger Schmierseife, wie sie früher vor allem für die Wäsche benutzt wurde. Dem durch Erhitzen verflüssigten Fett wird Hartholzasche untergemischt. Deren Kaligehalt bewirkt, daß sich der sogenannte Seifenleim bildet, der bereits das ist, was wir als Schmierseife kennen. Sauberer dürfte es sein, sich reine Kalilauge ohne Verunreinigungen zu besorgen und dem flüssigen Fett zuzusetzen.

Schmierseife geht gern mit dem Calcium und Magnesium des Wassers unlösliche Verbindungen ein, die zum Vergilben der Wäsche führen. Deshalb hat man heute Wäschemittel ohne diesen Nachteil entwickelt. Will man dennoch mit Schmierseife waschen, muß möglichst weiches, also kalkfreies, Wasser verwendet werden.

Zur Herstellung von (fester) Kernseife wird das Fett mit Natron- statt mit Kalilauge gekocht. Der sich bildende Seifenleim wird durch Zusatz von Kochsalz ($NaCl$) in den festen Kern, der oben schwimmt, und in die Unterlauge getrennt. Aus dem festen Kern wird die Kernseife geschnitten. Wenn man will, kann man Aromastoffe zusetzen.

Der Mist steht uns im Frühjahr zur Verfügung, nachdem die Schafe den Winterstall geräumt haben. Dann ist es allerdings bereits zu spät, um ihn noch für die Frühjahrsbestellung zu verwenden – schließlich treiben wir die Schafe ja erst dann aus dem Stall, wenn die Vegetation bereits kräftig eingesetzt hat, also lange nach dem Aussaattermin für die meisten Gemüse. In aller Regel werden wir den Mist erst im nächsten Herbst verwenden, wenn mit Ausnahme des Wintergemüses alles abgeerntet ist. Falls der Stall während des Sommers nicht anderweitig genutzt wird, etwa um ein Schwein zu mästen, kann der Mist dort bis zum Herbst bleiben, und zwar unabhängig davon, ob wir die Schafe im Tiefstall oder auf Spaltenboden gehalten haben (siehe das Kapitel „Der Schafstall"). Er sollte lediglich von Zeit zu Zeit angefeuchtet werden, damit er nicht austrocknet und verschimmelt.

Besser ist es, im Freien an einer schattigen Stelle einen Mistplatz anzulegen. Dazu wird zunächst der Boden mit einer Plastikplane abgedeckt, damit keine Nährstoffe versickern können. Darauf wird der Mist möglichst kompakt gelagert und gelegentlich festgestampft. Von Zeit zu Zeit können wir einige Schaufeln Kompost untermischen, um den Rottevorgang zu beschleunigen. Ist der gesamte Mist auf diese Weise zu einem etwa einen Meter hohen, ebenso breiten und beliebig langen Haufen aufgesetzt, wird er noch einmal gut durchfeuchtet und dann mit einer schwarzen Plastikfolie bis zum Herbst abgedeckt. Auf diese Weise werden Stickstoffverluste vermindert und die Umsetzung zu Mistkompost wird gefördert.

Wie verwenden wir diesen Mistkompost im Herbst? Wenn wir ihn auf dem Gartenland einfach offen ausstreuen, treten sehr rasch Stickstoff-Verluste durch Verdunstung und Versickern ein. Deshalb wird er in der gewerblichen Landwirtschaft sofort untergepflügt. Selbstversorger, die sich mit naturnahem Anbau beschäftigt haben, werden allerdings oft ein Umpflügen ablehnen. Ihnen ist ein möglichst flaches Einarbeiten (2–3 kg/m^2) im Herbst anzuraten.

Mist, vor allem Mistkompost, ist ein rarer und wertvoller Dünger. Da sich auch die Nährstoff-Ansprüche der Pflanzen erheblich voneinander unterscheiden, wird im traditionellen Gartenbau jährlich nur ein Drittel der Fläche mit Mist gedüngt und die Gemüse werden nach dem Jahr des Anbaus auf dieser Fläche in solche der ersten, zweiten und dritten Tracht unterschieden. Gut abgelagerter, schon weitgehend zu Mistkompost umgewandelter Mist schadet allerdings keinem Gemüse, zumal dann nicht, wenn wir ihn mit aus Pflanzenresten gewonnenem Kompost mischen. Umgekehrt ist es so, daß manche Gemüsepflanzen sehr hohe Nährstoff-Ansprüche stellen und ohne frische, kräftige Düngung nicht gedeihen können. Auch Schafknochen, für die Sie vielleicht sonst keine Verwendung haben, verrotten mit der Zeit und sind wegen ihres Phosphor-Gehalts zu schade zum Wegwerfen. Die Verrottung kann beschleunigt werden, wenn wir die Knochen so weit wie möglich zerkleinern. Ähnliches gilt für die Hufe, Wollreste und alle anderen Abfälle, die sich aus der Schafhaltung ergeben, einschließlich totgeborener oder verendeter Lämmer sowie der Därme und anderer Innereien, die wir nicht anderweitig verwenden können.

Schützt Frost im Winter die Grasnarbe, bekommt Schafen ein Aufenthalt im Freien sehr gut.

Zucht und Aufzucht

Unter Zucht verstehen wir die planmäßige Vermehrung nach bestimmten Zielen. Zusammen mit der Aufzucht der Jungtiere ist sie die Basis jeder wirtschaftlichen Nutztierhaltung. Bei den meisten Nutztieren hat die Spezialisierung in der Landwirtschaft dazu geführt, daß Zucht und Aufzucht/Haltung in getrennten Betrieben durchgeführt werden. In einem Betrieb werden also Ferkel, Kälber oder Küken gezüchtet und verkauft; von einem anderen Betrieb werden die Ferkel, Kälber oder Küken gekauft, anschließend gemästet (oder wegen ihrer Milch- oder Eierleistung gehalten) und schließlich mit Gewinn wieder verkauft.

Bei den Schafen ist eine solche Trennung zwischen Zucht und Aufzucht wirtschaftlich nur selten sinnvoll. Da die Lämmer auf der Weide wenig Arbeit und Geld beanspruchen, ist die Wertdifferenz zwischen Absatzlamm und Schlachtlamm gering. Selbstversorger, die im Frühsommer Absatzlämmer kaufen, um sie im Herbst für den Eigenbedarf zu schlachten, könnten ohne allzu große Mehrausgaben gleich im Herbst die Schlachtlämmer kaufen – was natürlich dem Sinn einer Selbstversorgung zuwiderläuft.

Die entscheidende, geldwerte Leistung liegt in der Zucht. Die Zuchtschafe kommen im Winter in den Stall, wo sie versorgt und gefüttert werden müssen. Das Winterfutter ist ungleich teurer und arbeitsintensiver als die Sommerweide, auch die Amortisation des Stalles muß in die Kalkulation eingehen.

Es lohnt auch nicht, sich auf die Zucht zu beschränken und die Absatzlämmer möglichst bald zu verkaufen, um mehr Mutterschafe von einer bestimmten Futterfläche ernähren zu können und auf diese Weise mehr Lämmer zu erzeugen. Theoretisch könnte diese Rechnung vielleicht aufgehen, vor allem, wenn man durch Frühentwöhnung der Lämmer und asaisonale Brunst ein dreimaliges Ablammen in zwei Jahren anstrebt. Praktisch aber ist für die Absatzlämmer kein zuverlässiger Markt vorhanden. Ein drei Monate altes Lamm wiegt, wenn es gut entwickelt ist, etwa 30 Kilogramm; wird es früher abgesetzt, ist es entsprechend leichter. Aus den genannten Gründen dürfte ein solches Absatzlamm aber nicht viel weniger kosten als ein Schlachtlamm, was bedeutet, daß der Preis pro Kilogramm fast doppelt so hoch wäre.

Das traditionelle Osterlamm, für das ein solcher hoher Preis erzielbar wäre, ist bei dem üblichen und aus anderen Gründen anzustrebenden Fortpflanzungs-Rhythmus kaum zu erzeugen. Selbst wenn ein Mutterschaf sehr früh – Anfang September – gedeckt wurde und Ostern auf die Aprilmitte fällt, wäre das Lamm dann erst allenfalls 25 Kilogramm schwer und besteht, wie es so schön heißt, aus nicht viel mehr als Haut und Knochen. Vielleicht findet sich gelegentlich ein Liebhaber, der für ein solches Lamm unverhältnismäßig viel Geld zu zahlen bereit ist, aber das wird eine Ausnahme bleiben.

Das Ziel einer Zucht ist es grundsätzlich, durch die Kombination der Erbanlagen beider Eltern bei den Jungtieren erwünschte Eigenschaften zu optimieren und unerwünschte Eigenschaften zu eliminieren. Das ist um so leichter, je geringer die Anzahl der zu berücksichtigenden Eigenschaften ist. Bei den Legehennen beispielsweise ist praktisch allein die Zahl der Eier für die Wirtschaftlichkeit entscheidend, bei der Milchkuh die Fettleistung. Wenn wir in dieser Betrachtung einmal die Laktation der Milchschafe beiseitelassen und auch die wirtschaftlich vergleichsweise bedeutungslose Wollproduktion ausklammern, dann wird die Wirtschaftlichkeit der Schafhaltung entscheidend davon bestimmt, wieviel Fleisch wir auf der vorhandenen Futterfläche produzieren können. Diese Fleischleistung hängt aber von mehreren Faktoren ab, die leider teilweise einen unterschiedlichen genetischen Ursprung haben und folglich in der Zucht parallel verfolgt werden müssen, wenn wir ein Optimum anstreben.

Denken Sie einmal an die drei berühmten „F", die ja alle den Fleischertrag beeinflussen. Frühreife, Fruchtbarkeit und Frohwüchsigkeit. Ein frühreifes Schaf muß nicht ein Jahr zusätzlich als unproduktiver Mitläufer vom Ertrag der Futterfläche durchgefüttert werden, statt dessen können wir ein oder zwei Lämmer mehr aufziehen. Die Fruchtbarkeit hat den wohl größten Einfluß auf den Fleischertrag; wollen wir eine bestimmte Anzahl an Lämmern erzeugen, benötigen wir doppelt so viel Mutterschafe mit Einzellämmern gegenüber Mutterschafen mit Zwillingslämmern. Diese Mutterschafe belasten zusätzlich die Weidefläche, die deshalb größer sein muß, und sie erfordern die doppelte Menge an teurem Winterfutter sowie an Stallraum.

Die Frohwüchsigkeit ist ein nicht ganz eindeutig definierbarer Begriff, der wohl deswegen als Sammelbezeichnung mehrerer Eigenschaften gewählt wurde, damit er das dritte „F" ergibt. Ein Lamm kann täglich bis zur Schlachtreife zwischen 100 Gramm 500 Gramm zunehmen; für die Zunahme um ein Kilogramm Lebendgewicht sind zwischen 1600 und 4000 Stärkeeinheiten erforderlich. Eine gute Futterverwertung, also ein günstiges Verhältnis zwischen Futteraufnahme und Gewichtzunahme, bedeutet eine geringere Beanspruchung der vorhandenen Futterfläche. Eine hohe tägliche Gewichtzunahme hat den Vorteil, daß das Schlachtgewicht viel schneller erreicht wird. Ab August nimmt der Nährstoffgehalt der Weide ab, so daß jetzt die Gewichtzunahme langsamer erfolgt. Unterstellt man ein Geburtsgewicht von 5 Kilogramm und ein Schlachtgewicht von 50 Kilogramm, dann vergehen bei einer täglichen Gewichtszunahme von 200 Gramm bis zur Schlachtreife 225 Tage; die Mitte März geborenen Lämmer wären also erst Anfang November schlachtreif. Beträgt die tägliche Gewichtszunahme aber 400 Gramm, dauert die Weidemast nur halb so lange, die Lämmer wären bereits Ende Juli schlachtreif.

Auch die Schlachtkörper-Qualität beeinflußt insofern die Frohwüchsigkeit, als sie neben der Ausbildung bestimmter Körperteile den Fettansatz erfaßt. Die Erzeugung von Fett erfordert aber wesentlich mehr Nährstoffe als von Fleisch.

Träger der Erbmerkmale sind die Gene, besser: die Gen-Paare, denn sie sind stets paarweise vorhanden. Nimmt man der Einfachheit halber einmal an, daß ein Gen-Paar jeweils für ein bestimmtes Erbmerkmal zuständig sei, dann finden sich im Jungtier Gen-Paare, von denen jeweils ein Gen vom Vater und eines von der Mutter stammt. Sind beide Gen-Paare bei Vater und Mutter identisch, zeigen stets beide das gleiche Merkmal und vererben es zuverlässig.

Die Gen-Paare sind aber nicht immer identisch. Als Beispiel für den Erbgang mag die äußerlich besonders leicht erkennbare Farbe dienen. Wie wir bereits wissen, gibt es nicht nur weiße, sondern auch schwarze Milchschafe. Wenn der Bock schwarz und das Mutterschaf weiß ist, oder umgekehrt, verbindet sich jeweils ein Gen aus dem entsprechenden Gen-Paar beider Elterntiere zu einem neuen Gen-Paar bei dem Lamm. Sind die Eltern beide hinsichtlich ihrer Farbe reinerbig, verbindet sich also

$$ss \times ww = sw.$$

Da bei unseren Schafrassen weiß dominant und schwarz rezessiv ist, sieht das Lamm mit dem Gen-Paar sw ebenso weiß aus wie seine Mutter mit dem Gen-Paar ww. Interessant wird es erst, wenn dieses weiße Lamm mit dem Gen-Paar sw abermals mit einem schwarzen Bock ss gepaart wird. Es ergibt sich dann

$$ss \times sw = ss \text{ oder } sw$$

Die Lämmer können also je nach Kombination der Elterntiere weiß oder schwarz aussehen, Zwillinge können verschiedene Farbe zeigen.

Noch interessanter wird die Kombination

$$sw \times sw = ss \text{ oder } sw/ws \text{ oder } ww.$$

Alle Lämmer, die zumindest ein w-Gen haben, sehen weiß aus, schwarz ist nur das Lamm mit dem doppelten Schwarz-Gen ss. Ist das Gen-Paar identisch, also ss oder ww, spricht man von Reinerbigkeit, ist es unterschiedlich – sw – von Mischerbigkeit.

Zeigt ein Schaf ein rezessives Erbmerkmal, muß es reinerbig sein. Umgekehrt sieht man aber einem Schaf nicht an, ob es ein dominantes Merkmal rein- oder mischerbig trägt. Das ist ärgerlich, weil ein für eine bestimmte Eigenschaft zuständiges Gen-Paar sich auch auf andere Eigenschaften auswirken kann, wie wir an der geringeren Fleisch- und Milchleistung der schwarzen gegenüber den weißen Milchschafen gesehen haben. Zuverlässig vererbt wird ein Merkmal aber nur, wenn beide Eltern reinerbig das entsprechende Gen-Paar tragen.

Tiere mit einer großen Anzahl übereinstimmender Merkmale und Eigenschaften bezeichnen wir als Rasse. Durch das Ausmerzen von Tieren, die das entsprechende Merkmal oder die Eigenschaft nicht haben, kommt man schließlich innerhalb einer Rasse zu einer recht weitgehenden Reinerbigkeit dieser Merkmale. Paart man also Schafe der gleichen Rasse, kann man innerhalb einer recht schmalen Bandbreite einigermaßen zuverlässig voraussagen, wie sich die Lämmer entwickeln werden.

Nach diesem Ausflug in die theoretischen Grundlagen der Vererbung wieder zurück zur Praxis. Bei den wenigen Schafen, die von Selbstversorgern gehalten werden, ist ein eigener Bock ein recht teures Hobby. Immerhin kann ein Bock rund 60 Schafe decken; bei der Haltung von nur wenigen Schafen wären die auf ein Schaf entfallenden anteiligen Bock-Kosten sehr hoch. Da ist es schon billiger, mit den brunftigen Schafen zu einem Bock zu fahren, vorausgesetzt, es steht ein Bock in der Nähe, der das zu vererben verspricht, was wir anstreben.

Leider ist dieses Verfahren nicht narrensicher, vor allem nicht für Anfänger. Es ist nämlich nicht immer ganz einfach, ein brunftiges Schaf zu erkennen, zumal die Brunft ja nur etwa zwei Tage dauert. Symptome sind besondere Zutraulichkeit, rastloses Verhalten, eine Schwellung des Geschlechtsorgans und lebhaftes Schwanzwedeln, wenn man dem Schaf hinten seitlich an den Rücken greift – alles Symptome also, die leicht fehlzudeuten sind.

Ein weiteres Problem besteht darin, daß unsere drei, vier oder fünf Schafe ja nicht alle am gleichen Tag brunftig werden, wir also samt einem Schaf mehrmals die mehr oder weniger weite Reise zum Bock machen müssen, was nicht nur mit Kosten, sondern auch mit einem erheblichen Zeitaufwand verbunden ist.

Also doch einen Bock halten? Nun, viele kleine Schafhalter haben ein anderes Verfahren erprobt, das gerade bei frühreifen Rassen zuverlässig funktioniert. Mit einem anderen Schafhalter, der die gleiche Rasse züchtet

84

Heidschnucken haben sich noch viel von einem Wildtier bewahrt.

und ähnliche Zuchtziele verfolgt, tauschen sie etwa im Juli zwei Absatz-Bocklämmer, die sie sich rechtzeitig ausgesucht haben und die deshalb nicht kastriert wurden (zwei deswegen, weil ja ein Böckchen vielleicht unfruchtbar sein könnte). Diese Bocklämmer laufen nun gemeinsam mit den Mutterschafen und sorgen zur rechten Zeit für Nachwuchs. Im Spätherbst werden sie dann zusammen mit den anderen Lämmern geschlachtet und dem Eigenverbrauch zugeführt. Dieses Verfahren hat freilich einen großen Nachteil: nach dem Tierzucht-Gesetz ist die Verwendung gekörter Böcke vorgeschrieben!

Bei der Auswahl der Bocklämmer ist das Muttertier wichtiger als das Böckchen selbst. Das Mutterschaf sollte über Jahre hinweg eine Veranlagung zu Mehrlingsgeburten bewiesen haben, in der Schlachtkörper-Qualität gut sein und ggf. (bei Milchschafen) in der Laktationsleistung den Durchschnitt übertreffen. Ähnliche Auswahl-Kriterien gelten auch für Zutreter, auf die wir gleich zurückkommen.

Paaren wir Schafe der gleichen Rasse miteinander, sind wir vor negativen wie positiven Überraschungen relativ sicher. Es ist aber denkbar, daß wir

85

eine ganz bestimmte Eigenschaft gezielt verbessern möchten – mehr, als das durch einen Zuchtpartner gleicher Rasse möglich wäre. Halten Sie etwa als Anhänger der lacto-vegetabilen Ernährung Milchschafe nur wegen ihrer Laktationsleistung und wollen die Lämmer im Herbst verkaufen, wäre zu überlegen, ob nicht durch Paarung mit einem Texelschafbock die Schlachtkörper-Qualität und damit der Erlös zu verbessern ist. Die einzige mögliche Schwierigkeit liegt im Risiko einer schweren Geburt, wie wir noch sehen werden. Der Einkreuzung von Texelschafen ist übrigens auch die Verbesserung der Schlachtkörper-Qualität unserer Milchschafe zu verdanken.

Auch der umgekehrte Weg ist denkbar, nämlich die Einkreuzung eines Milchschaf-Bockes in eine Fleischschaf-Rasse zur Verbesserung der Fruchtbarkeit. Das kommt aber nur zum Tragen, wenn mit den Kreuzungs-produkten weitergezüchtet wird, denn die Anzahl der Lämmer hängt so gut wie ausschließlich von der Anzahl der gleichzeitig befruchtungsfähigen Eier des Mutterschafes ab; ein Milchschafbock verhilft also Fleischschafen nicht automatisch zu mehr Lämmern.

Bei sehr kargen Weide- und Haltungsbedingungen wäre es auch theoretisch möglich, eine Robustrasse einzukreuzen. Nötig ist das freilich nicht, denn auch Schafe anderer Rassen passen sich solchen Verhältnissen an, indem sie in ihren Ertragsleistungen zurückgehen.

Noch etwas scheint für die Kreuzung verschiedener Rassen zu sprechen: der Heterosis-Effekt. Er bewirkt, daß die Nachkommen von zwei verschiedenen, rein gezüchteten Ursprungsrassen in der ersten Generation in ihren Eigenschaften ihre Eltern übertreffen. Diese Eigenschaften gehen dann allerdings rasch wieder verloren, wenn mit den Mischlingen weitergezüchtet wird. Die heutigen Spitzenleistungen in der Tier- und Pflanzenzucht wären ohne den Heterosis-Effekt nicht möglich gewesen. Bestimmte Rassen, etwa bei Hühnern, werden nur deshalb gezüchtet, um als Eltern zur Erzeugung von Leistungs-Hybriden zusammengeführt zu werden.

Voraussetzung für diese Bastard-Luxurierung ist freilich, daß beide Ursprungsrassen sehr gute Anlagen für eine ganz bestimmte Eigenschaft haben, die wir optimieren möchten. Bei den Hühnern wäre das die Fruchtbarkeit; bei den Schafen ist es heutzutage, wenn wir den Sonderfall der Milchnutzung beiseite lassen, der Fleischertrag, und dieser Fleischertrag ist, wie wir bereits wissen, nicht nur von einer, sondern von mehreren Eigenschaften abhängig, die nicht unbedingt den gleichen genetischen Ursprung haben.

In aller Regel ist es gerade für Anfänger sowohl einfacher als auch zweckmäßiger, auf Kreuzungs-Experimente zu verzichten und Rassezucht zu betreiben, weil man sonst leicht Gefahr läuft, das in den Rassen mühsam herausgezüchtete Erbgut zu verlieren. Der richtige Wege zur Optimierung der Ertragsleistung ist für uns die konsequente Selektion. Jedes Schaf, das hinter den erwarteten Leistungen zurückbleibt, muß von der Zucht ausgeschlossen werden. Da wir uns auf frühreife Rassen konzentrieren, bedeutet das, daß Zutreter, wie die zur Aufzucht vorgesehenen Schaflämmer genannt werden, im Frühjahr zu schlachten sind, wenn sie nicht gelammt haben. Es lohnt nicht, einen weiteren Versuch zu machen, da wir dann den Zutreter noch einen Winter durchfüttern müssen und riskieren, daß er noch einmal leer bleibt. Schwieriger wird die Entscheidung, wenn unser Zutreter nur ein Einzellamm hat. Das kommt bei Erstlingsmüttern häufiger vor, die dann aber später ganz normal Zwillings- oder Drillingslämmer haben. Es ist allerdings auch möglich, daß es bei Einzellämmern bleibt.

Wie so oft gibt es auch bei diesem Rat, konsequent alle Zutreter auszumerzen, die nicht unseren Erwartungen entsprechen, ein Problem. Normalerweise werden wir das zu ersetzende Altschaf im Herbst schlachten, um es nicht aufnehmen zu lassen und einen Winter durchfüttern zu müssen. Stellen wir jetzt im Frühjahr fest, daß unser Zutreter leer geblieben ist, fehlen uns ja dessen Lämmer, die er, den wir ja nun schlachten, nur zum Teil ersetzen kann. Bei den wenigen Schafen, die in einem Selbstversorger-Betrieb gehalten werden, macht sich das schon recht unangenehm bemerkbar, zumal ja zu seinem Ersatz ein anderes Lamm aufgezogen werden muß.

Um eine solche Panne zu vermeiden, empfiehlt es sich, das auszumerzende Altschaf noch einmal decken zu lassen und zusammen mit dem Zutreter durch den Winter zu füttern. Falls der Zutreter dann im Frühjahr zufriedenstellend lammt, schlachten wir das Altschaf, sobald dessen eigene Lämmer es nicht mehr benötigen und bevor die Weide knapp wird. Natürlich haben wir dann einerseits im vergangenen Winter mehr Futter verbraucht, und andererseits haben wir jetzt normalerweise zwei Lämmer zu viel, was zu Lasten des Futtervorrats für den nächsten Winter geht. Die überzähligen Lämmer haben aber immer noch einen deutlich höheren Wert als der Mehraufwand für das Futter, das wir jetzt vielleicht zukaufen müssen.

Wann sollte ein Altschaf ausgemerzt werden? Es ist schwer, eine exakte Zahl zu nennen, denn es gibt Schafe, deren Fruchtbarkeit bereits mit sechs Jahren nachläßt, und andere, die noch mit neun Jahren Zwillings- oder sogar Drillingslämmer bringen. Überdies steigt die Ablammquote bis zum dritten Jahr im statistischen Durchschnitt an, so daß ein zu früher Umtrieb unter Umständen eine Verschlechterung des Ertragsdurchschnitts bedeutet. Es läßt sich nur raten, von den individuellen Verhältnissen auszugehen und im übrigen eine gut gemischte Altersstruktur anzustreben. So würde sich etwa bei drei Schafen ein sechsjähriger Umtrieb anbieten, indem alle zwei Jahre ein Altschaf durch einen Zutreter ersetzt wird.

Lämmer werden im Normalfall spätestens Ende März geboren. Anfang September beginnt bei den weiblichen Schafen die Brunft. Die Bocklämmer sind jetzt ohne weiteres in der Lage, die weiblichen Schafe zu decken, sogar Bocklämmer spätreifer Rassen, deren Schaflämmer erst ein Jahr später brunftig werden. Will man das vermeiden, muß man die Bocklämmer entweder kastrieren oder ab August von den weiblichen Schafen getrennt halten. Das ist recht umständlich, wenn auch nicht so schwierig wie bei Ziegen.

Kastriert wird am einfachsten unblutig, mit Gummiringen. Diese Gummiringe werden mit einer Spannzange über den Hodensack geschoben, so daß sie die Blutzufuhr unterbrechen. Wenn der Gummiring früh genug übergestreift wird, ist der damit verbundene Schmerz offensichtlich minimal – die Lämmer springen und spielen unmittelbar danach herum wie zuvor. Nach etwa zwei Wochen fallen die Hoden von selbst ab. Die richtige Zeit für das Kastrieren ist der zweite Lebensmonat; zur Vermeidung von Infektionen ist die Stelle, an der der Gummiring sitzt, mit Jod zu desinfizieren. Nach dem dritten Lebensmonat wird diese Art der Kastration zur Tierquälerei.

Bei Woll- und Fleischschafen werden üblicherweise die Schwänze kupiert, und zwar gleichfalls mit Gummiringen. Andernfalls ist zu befürchten, daß bei Durchfall der Schwanz und der Bereich um den After zu einem dicken Klumpen getrockneten Kotes wird. Das Kupieren erfolgt so früh wie mög-

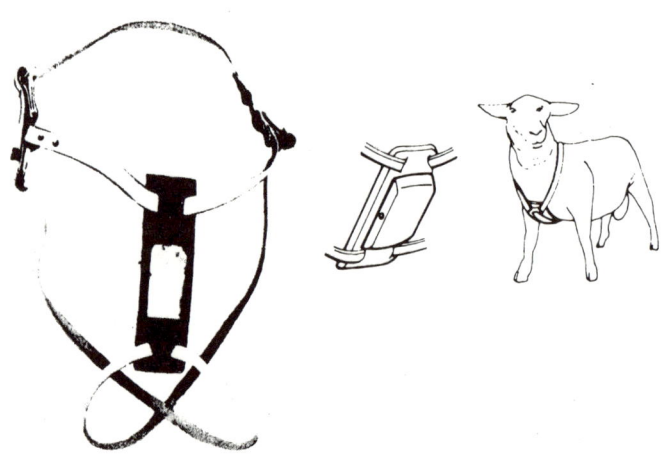

Bockgeschirr mit Farbkissen zur Kontrolle der Deckakte (Quelle: »Tier und Technik«).

lich. Die nacktschwänzigen Milchschafe werden meistens nicht kupiert. Wenn der Bock mit den Mutterschafen läuft, können Sie den Dingen ihren Lauf lassen und darauf vertrauen, daß alle Schafe gedeckt werden. Wollen Sie aber wissen, welches Schaf wann gedeckt wurde, reiben Sie die Brust des Schafbocks mit einer speziellen Farbpaste ein oder schnallen ihm ein Farbkissen um. Zur Sicherheit sollte man noch drei Wochen, nachdem das letzte Schaf gedeckt wurde, warten. Hat es nämlich nach dem ersten Sprung nicht aufgenommen, kehrt jetzt die Brunft wieder und es kommt zu einem erneuten Sprung. Die Kontrolle des Decktermins durch Farbmarkierungen hat auch den Vorteil, daß wir recht genau wissen, wann das jeweilige Schaf lammt. Allerdings sind Abweichungen von bis zu zehn Tagen möglich.

Schafe tragen durchschnittlich 150 Tage. Es gibt aber sowohl individuelle als auch rassespezifische Abweichungen von diesem Durchschnittswert. Merinoschafe beispielsweise lassen sich gerne ein paar Tage länger Zeit, Milchschafe lammen bereits nach etwa 143 Tagen.

Die Lämmerverluste durch Totgeburt können teilweise vermieden werden, wenn wir bei der Geburt zugegen sind, um ggf. Hilfestellung zu leisten. Das aber würde bedeuten, daß wir bei mehreren Schafen mit unterschiedlichem Decktermin und ungewisser Tragezeit mehrere Wochen lang Tag und Nacht im Stall verbringen müßten und dann vielleicht doch noch das freudige Ereignis verpassen. Lohnt sich der Aufwand?

Rein statistisch ist die Zahl der Totgeburten gering und deutlich abhängig von der Zahl der Lämmer. Bei Einzellämmern beträgt sie ein Prozent, bei Zwillingslämmern zwei Prozent, bei Drillingen fünf Prozent und bei Vierlingen 13 Prozent. In einem kleinen Bestand haben wir in der Regel Zwillinge und etwas mehr Drillinge als Einzellämmer. Das bedeutet, daß wir rein statistisch mit etwa drei Prozent Totgeburten zu rechnen haben. Bei durchschnittlich sechs oder sieben Lämmern im Jahr hätten wir demnach in zehn Jahren zwei Totgeburten. Von diesen beiden Totgeburten könnten wir vielleicht eine durch rechtzeitige Hilfe verhindern! Mit Geburtshilfe sollten wir ohnehin zurückhaltend sein, auch wenn sie in manchen Büchern ausführlich beschrieben wird. Übertriebene, vorzeitige und unnötige Hilfe ist bei allem guten Willen nichts anderes als Tierquälerei.

Hilfe kann sinnvoll sein, wenn die Austreibungsphase allzu lange dauert. Dafür kann es mehrere Ursachen geben, u. a. eine Fehllage, ein zu großes Lamm oder ein Lamm mit einem zu dicken Kopf. Anfänger sind in solchen Fällen besser beraten, einen Tierarzt zuzuziehen, als selbst Hand anzulegen. Übergroße Lämmer und Lämmer mit zu dickem Kopf treten gehäuft auf, wenn Schafe einer anderen Rasse durch Texelböcke gedeckt werden, um die Schlachtkörper-Qualität zu verbessern.

Ablammbucht mit Infrarotstrahler für die ersten Lebenstage.

Mit einer Lämmerbar kann man Lämmer mutterlos aufziehen.

Rund 90 Prozent der Lämmer werden mit dem Kopf und den Vorderbeinen zuerst ausgetrieben, der Rest kommt mit den Hinterbeinen zuerst. Beides ist normal. Die eigentliche Geburt dauert zwischen fünf Minuten und einer halben Stunde, wenn keine Komplikationen auftreten. Gleichfalls etwa eine halbe Stunde lang ist die Pause zwischen der Geburt mehrerer Lämmer, es kann aber auch deutlich länger dauern. Einige Stunden danach geht die Nachgeburt ab. Ein blutiger Ausfluß (Lochialfluß) ist kein Gefahrensignal. Er wird durch die Rückbildung der Gebärmutter verursacht und verschwindet nach etwa einer Woche.

Wie erwähnt kommt es zuweilen vor, daß ein Schaf seine Lämmer nicht annimmt, insbesondere bei Erstlingsmüttern und bei Mehrlingsgeburten, wenn das später geborene Lamm ein anderes Geschlecht hat. Das Problem ist gelöst, wenn die Mutter duldet, daß das Lamm saugt. Mindestens zwei Tage lang sollten Mutter und Lämmer in der Ablammbucht bleiben. Falls ein Lamm nicht angenommen wird, gibt es mehrere Möglichkeiten: das Mutterschaf festhalten, so daß das Lamm saugen kann; beide Lämmer mit einem stark riechenden Mittel, etwa einem Deodorant, einsprühen, so daß das Mutterschaf sie nicht mehr unterscheiden kann; alle Lämmer von der Mutter entfernen und nach einiger Zeit, wenn sie hungrig sind, gemeinsam unter Aufsicht saugen lassen.

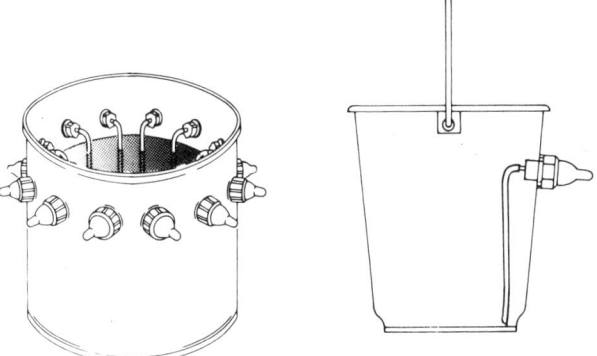

Im Handel erhältliche und an beliebige Gefäße zu montierende Saugvorrichtung für Lämmer *(Quelle: System Hiko).*

Wirklich notwendig ist die Muttermilch für ein Lamm nur in den ersten Tagen, solange die Kolostral- oder Biestmilch gebildet wird. Diese Kolostralmilch enthält das Vielfache an Vitaminen gegenüber der normalen Milch und wirkt abführend. Später ist es verhältnismäßig einfach, das Lamm mit der Flasche und Milchaustauschtränke zu ernähren. Es kann sehr früh daran gewöhnt werden, ausschließlich feste Nahrung zu sich zu nehmen:

ab drei Wochen kann auf Milch oder Milchersatz verzichtet werden, wenn die feste Nahrung hochwertig und gut verdaulich ist. Gras allerdings genügt, wenn das Lamm nicht in der Entwicklung zurückbleiben soll, erst ab einem Alter von zwei Monaten.

Künstliche Aufzucht ist nicht nur in Notfällen erforderlich. Bei Drillingslämmern ist sie vor allem im Interesse der Mutter ratsam, weil drei Lämmer sich rücksichtslos um die beiden Zitzen streiten und daran festbeißen, um sich nicht verdrängen zu lassen. Bei Milchschafen ist ein frühes Absetzen, ggf. schon nach wenigen Tagen, unter Umständen wegen der Milchnutzung erforderlich. Kommt künstliche Aufzucht öfter vor, werden wir versuchen, sie zu vereinfachen, indem wir eine Lämmerbar bauen, bei der die Milch bzw. der Milchersatz im Idealfall durch einen Thermostat stets auf der richtigen Temperatur gehalten wird. Die natürliche Aufzucht wird, wenn wir keine Milchschafe halten, nicht durch das Absetzen erschwert, da die Milch sich bei den Mutterschafen nach etwa drei Monaten ohnehin zurückbildet.

Zur Vorbereitung des Deckens werden die Schafe Anfang August entwurmt. Gleichzeitig kürzen wir zweckmäßigerweise den Mutterschafen das Futter, indem wir die jetzt fast schlachtreifen Lämmer vorausfressen lassen, damit sie auf ein hohes Schlachtgewicht kommen. Außerdem entziehen wir den Mutterschafen das Mineralstoff-Gemisch ab Ende August für etwa zwei Wochen. Geben wir ihnen danach wieder die Mineralstoffe und ein besonders reichliches Futter, eventuell sogar Kraftfutter, werden sie kurz darauf und ziemlich zur gleichen Zeit brunftig. Dieses Verfahren wird als Stoßfütterung bezeichnet und hat den Vorteil, daß nicht nur optimale Voraussetzungen für eine hohe Befruchtung gegeben sind, sondern auch die Schafe alle innerhalb kurzer Zeit ablammen.

Die Futterfläche

Ohne eine eigene Weidefläche ist die Schafhaltung kaum möglich. Wohl wäre es theoretisch denkbar, Schafe ausschließlich im Stall zu halten und dort auch zu füttern, wobei das Futter gekauft oder irgendwo selbst geerntet wird, aber eine solche Haltung wäre alles andere als sinnvoll. Gerade der Umstand, daß Schafe länger als jedes andere Nutztier sich auf der Weide ihr Futter selbst suchen können, gehört zu ihren wesentlichen Vorteilen. Der Weidegang spart viel Zeit, die für Fütterung, Futtergewinnung und Stallpflege aufzuwenden wäre, ist billiger und auch insofern wirtschaftlicher, als bei jeder Futter-Gewinnung gegenüber der direkten Beweidung Nährstoff-Verluste auftreten, die vermieden werden sollten.

In älteren Büchern ist sogar zu lesen, Schafe müßten unbedingt den Weidegang haben und könnten nicht ausschließlich im Stall gehalten werden. Das trifft, wie wir mittlerweile wissen, nicht zu; es gibt Länder, in denen Milchschaf-Herden ausschließlich im Stall gehalten werden, und auch bei uns wird bereits vereinzelt versucht, bei ganzjähriger Stallhaltung über künstliche Lämmeraufzucht, dreimaliges Ablammen in zwei Jahren und intensive Lämmermast den Fleischertrag so weit zu erhöhen, daß der wesentlich größere Arbeits- und Kosten-Aufwand kompensiert wird. Artgemäß ist das aber keineswegs, sondern mehr oder weniger der Hühnerhaltung in Legebatterien vergleichbar.

Für Selbstversorger ist eine ganzjährige Stallhaltung schon deswegen uninteressant, weil – wenn es um die Milchnutzung geht – die dafür besser geeignete Ziege angebrachter wäre, und Schwein oder Kaninchen bei vergleichbarem Arbeitsaufwand Futter besser in Fleisch umsetzen.

Eine Weidefläche ist also der Schlüssel zum Erfolg in der Schafhaltung. In diesem Kapitel soll versucht werden, alle Fragen zu beantworten, die sich in Verbindung mit der Schafweide ergeben.

Die erste Frage ist dabei die zugleich wichtigste und am schwierigsten zu beantwortende: wie groß muß die Futterfläche pro Schaf sein? Entweder ist eine bestimmte Fläche bereits vorhanden, und es gilt, die entsprechende Besatzstärke zu bestimmen, oder aber wir haben festgestellt, eine bestimmte Anzahl von Schafen für den Selbstversorger-Eigenbedarf zu benötigen und wollen nun wissen, wie groß die erforderliche Fläche sein muß. Unter Besatzstärke versteht man die Anzahl der Mutterschafe, die auf einem Hektar (10 000 m² oder vier Morgen) samt ihren Lämmern gehalten werden kann, wobei von dieser Fläche auch noch das Winterfutter gewonnen wird.

Es ist naheliegend, daß auf einer kargen Bergweide oder auf dürftigem Heideboden nur wesentlich weniger Schafe gehalten werden können als auf einer saftigen Marschweide bester Qualität. Das bedeutet aber nicht, daß solche Weiden für Schafbesitzer wertlos wären. Im Gegenteil liegt ja einer der Vorteile des Schafes darin, daß es besser als jedes andere Nutztier in der Lage ist, mit dürftigster Weide auszukommen. Es gibt Grenzertragsböden, die nur von Schafen zu nutzen sind und andernfalls zu Ödland oder Brachflächen verkommen würden – die „absoluten" Schafweiden. Schafe haben einen längeren Verdauungstrakt als andere Weidetiere, der sie befähigt, minderwertiges, rohfaserreiches Futter mit geringem Nährwert zu verdauen. Gutes Grünland ist oft nur schwer zu pachten oder zu kaufen und in jedem Fall teuer, aber es ist oft möglich, Schafe kostenlos auf Ödland weiden zu lassen. Interessant mag das vor allem für Selbstversorger sein, die keine Futterfläche in Hausnähe haben, aber ein paar Schafe halten wollen, die sie während des Sommers auf einer abseits gelegenen, eingezäunten Fläche mehr oder weniger sich selbst überlassen.

Werden Schafe sich selbst überlassen, weiden sie nicht eine begrenzte Fläche systematisch ab, sondern wandern herum und naschen nach Art der Wildtiere überall dort einige Zeit, wo ihnen Kräuter oder Gräser besonders schmackhaft erscheinen. Das ist natürlich nicht im Sinn einer konsequenten Weidenutzung. Deshalb müssen wir den Schafen, wenn nicht der Sonderfall einer Ödland-Nutzung vorliegt, die Weidefläche so zuteilen, daß sie gezwungen werden, sie sauber abzuweiden. Es ist also erforderlich, die Futterfläche so zu unterteilen, daß die Schafe einerseits nicht hungern, andererseits aber gezwungen sind, den jeweiligen Teil sauber abzuweiden, bevor sie auf dem nächsten Teil weiterweiden können. Diese Teilflächen bezeichnen wir als Koppeln. Weitere Teilflächen dienen der Winterfutter-Gewinnung.

Leider ist der Graswuchs nicht über die gesamte Vegetationsperiode hinweg gleichmäßig, sodaß die Zeit, die eine abgeweidete Fläche benötigt, um wieder einen zur erneuten Beweidung ausreichenden Bewuchs zu entwickeln, sehr unterschiedlich ist. Zudem beanspruchen die heranwachsenden Lämmer ja immer mehr Futter, bis sie im Spätsommer/Herbst geschlachtet werden. Der Tabelle 4 im Anhang ist zu entnehmen, daß die Vegetation im April kräftig einsetzt, im Mai ihr Maximum erreicht und dann allmählich immer mehr abnimmt, bis zwischen November und März praktisch Vegetationsruhe herrscht.

94

Diese Schwarzkopf-Lämmer verschwinden fast im (zu hohen) Gras.

Die Ergiebigkeit einer Futterfläche richtet sich nach dem Gewicht und dem Nährwert der darauf erzeugbaren Grünmasse. Das Gewicht allein genügt nicht, weil der Nährwert gewichtsbezogen ja sehr unterschiedlich sein kann. Die Nährwertmenge wird in Stärke-Einheiten (StE) ausgedrückt. Durch Angabe der erzeugbaren Stärke-Einheiten läßt sich also die Ergiebigkeit einer Futterfläche ausdrücken.

Die Tabelle 2 im Anhang gibt an, wieviele Mutterschafe auf einer Fläche von einem Hektar gehalten werden können, wobei sowohl die Ergiebigkeit der Futterfläche als auch die durchschnittliche Zahl der Lämmer berücksichtigt sind. Das entsprechende Winterfutter ist in dieser Tabelle enthalten.

Wenn sich nicht aus besonderen Gründen die Nutzung minderwertiger Futterflächen anbietet, sollten wir bestrebt sein, zumindest eine „mittlere" Ergiebigkeit der Futterfläche zu erreichen. Eine „beste" Ergiebigkeit zu erzielen ist ohne Kunstdünger-Gaben, die wir ja meiden wollen, schwierig. Dafür sollten wir aber eine Ablammquote von 200 Prozent, also pro Mutterschaf durchschnittlich zwei Lämmer, konsequent verwirklichen. Im Normalfall – mittlere bis gute Weide, Ablammquote 200 Prozent – können also getrost zehn Mutterschafe samt Nachwuchs von einem Hektar ernährt werden, oder – auf Selbstversorger-Größenordnung umgerechnet – eine Fläche von 1000 Quadratmetern genügt für ein Mutterschaf samt Nachzucht.

In der Tabelle 3 im Anhang ist der zu erwartende flächenbezogene Fleischertrag angegeben. Dabei wurde unterteilt zwischen dem Lammfleisch und dem Fleisch der auszumerzenden Mutterschafe. Unterstellt wurde ein fünfjähriger Umtrieb (was recht kurz ist), ein Lebendgewicht der Lämmer von 50 Kilogramm und der auszumerzenden Mutterschafe von 80 Kilogramm. Im Gegensatz zu früheren Berechnungen habe ich diesmal nicht das Lebendgewicht, sondern das praxisgerechtere Schlachtgewicht zugrunde gelegt und es mit 50 Prozent des Lebendgewichts angenommen.

Nach dieser Tabelle ergibt sich bei durchschnittlichen Verhältnissen (mittlere bis gute Weide, 200 Prozent Ablammquote) pro Hektar ein Fleischertrag von 522 bis 673 Kilogramm; auf 1000 Quadratmeter bezogen wären das immerhin rund 60 Kilogramm! Diese Angaben sollten eigentlich genügen, um die Frage nach der Größe der pro Schaf benötigten Futterfläche zu beantworten.

Wie ist die Futterfläche zu pflegen, damit sie in ihrer Ertragsleistung nicht nachläßt? Natürlich kann der Ertrag nur erhalten werden, wenn die durch die Beweidung oder durch die Winterfutter-Gewinnung entzogenen Nährstoffe ersetzt werden. Die weidenden Schafe hinterlassen auf der Weide ihre Ausscheidungen und geben dabei rund die Hälfte des aufgenommenen Futters direkt wieder zurück. Bezogen auf die wichtigsten Nährstoffe Stickstoff, Kali und Phosphor sind es sogar rund 90 Prozent. Der effektive Nährstoff-Verlust während der Weidezeit ist also verhältnismäßig gering. Lediglich auf den Flächen, die der Winterfutter-Gewinnung dienen, treiben wir ,,Raubbau", denn die im Winterstall als Mist gewonnenen Ausscheidungen werden wir normalerweise nicht wieder auf die Futterfläche zurückbringen, sondern als besonders wertvollen Dünger für den Gemüseanbau im Garten verwenden.

Manche Pflanzen, wie Klee (Leguminosen) nehmen Stickstoff aus der Luft auf und lagern ihn in Knöllchen an ihren Wurzeln ab (über jedem Quadratmeter Bodenfläche befinden sich in der Luft acht Tonnen Stickstoff). Klee wird von den Schafen besonders gern gefressen.

Um das Nährstoff-Defizit zu decken, kann man es sich sehr einfach machen und Kunstdünger ausbringen. Durch dessen Stickstoff-Komponente wird der Bewuchs sehr artenarm, denn die erwähnten Leguminosen können sich gegenüber den konkurrierenden Gräsern nur durch ihre Fähigkeit

96

behaupten, Stickstoff-Selbstversorger zu sein. Wird reichlich Stickstoff zugeführt, unterdrücken die Gräser bald den Klee und mit ihm viele andere wertvolle Kräuter und Pflanzen, die die Qualität einer Futterfläche sehr wesentlich beeinflussen. Es ist aber nicht zu bestreiten, daß bei hohen Stickstoff-Gaben die Eiweiß-Produktion und damit die Ergiebigkeit der Futterfläche positiv beeinflußt wird; eine größere Ergiebigkeit bedeutet notwendigerweise einen höheren flächenbezogenen Fleischertrag. Mit Stickstoff-Überdüngung kann die in Stärke-Einheiten ausgedrückte Ergiebigkeit einer Futterfläche nicht nur gehalten, sondern sogar noch gesteigert werden; es ist also möglich, aus einer „mittleren" Futterfläche eine „gute" zu machen.

Und dennoch! Naturgemäß wirtschaftenden Selbstversorgern sind Kunstdünger ein Greuel, und das nicht ohne Grund. Gerade der Artenreichtum einer Futterfläche mit vielen unterschiedlichen Gräsern und Kräutern bestimmt entscheidend ihren Wert für die Schafe, der nicht in Stärke-Einheiten allein gemessen werden kann. Auf einer solchen Weide bleiben die Schafe gesund und vital; ihr Fleisch ist frei von gesundheitsschädlichen Rückständen, für die gerade der künstlich erzeugte Stickstoff verantwortlich gemacht wird. Führen wir der Weide im Winter, nachdem die Schafe aufgestallt sind, leicht verrottbares organisches Material zu, wie Laub, Rohkompost, Holzasche usw., dann wird dieses Material vom Boden verarbeitet, verschwindet im Frühjahr von selbst und gleicht das durch die Beweidung entstandene Nährstoff-Defizit aus. Es bildet sich dann ein stabiles Gleichgewicht der Pflanzengemeinschaft, das sicherlich zu keinen Höchsterträgen in Stärke-Einheiten führt, aber eine optimale Schafweide ist.

Alle Weidetiere meiden jene Stellen, an denen ihre Ausscheidungen für einen besonders üppigen Bewuchs sorgen; seltsamerweise haben sie aber nichts gegen den Bewuchs einzuwenden, der auf den Ausscheidungen anderer Tierarten gedeiht. Zudem gibt es für jede Tierart bestimmte Pflanzen, die sie bevorzugt oder ablehnt. Bei der Beweidung durch nur eine Tierart – etwa Schafe – bilden sich deshalb sogenannte Geilstellen; falls die Fläche nicht im Wechsel oder in Gemeinschaft mit anderen Tierarten beweidet wird, müssen sie nachgemäht werden (Reinigungsschnitt) und können dann immer noch für Winterfutter verwendet werden.

Auf chemische Mittel zur Bekämpfung der von den Schafen verschmähten Pflanzen, wie Brennesseln oder Disteln, können wir getrost verzichten, aber wir sollten auf jeden Fall rechtzeitig nachmähen, bevor sie aussamen, sonst breiten sich die Geilstellen-Inseln immer weiter aus. Bei dieser Gelegenheit können wir auch eventuell vorhandene Maulwurfhügel einebnen. Gesunde, trockene Futterflächen bedürfen keiner weiteren Pflege. Nasse

Futterflächen sollten möglichst gemieden werden, sofern sie nicht durch Drainage entwässert und trockengelegt werden können. Sie sind ein Ansteckungsherd für zahlreiche gefährliche Schafkrankheiten. Verzichten kann man auf das bei Rinderweiden übliche Festwalzen im Frühjahr, denn Schafe verdichten durch ihren „goldenen Tritt" den Boden ohnehin. Sie haben übrigens auch einen „giftigen Zahn", weil sie den Bewuchs bis auf die Wurzeln abfressen, wenn sie zu lange auf einer Koppel gehalten werden.

Wie hindern wir die Schafe daran, wegzulaufen, und wie erreichen wir, daß sie innerhalb der Gesamtfutterfläche nur jene Koppel abweiden, die wir ihnen zuteilen? Ganz klar – was wir brauchen, ist ein Zaun, sowohl um die Futterfläche herum als auch zu deren Unterteilung.

Leider genügt für Schafe nicht ein Primitiv-Zaun, wie er bei Rinderweiden seinen Zweck erfüllt – ein paar Stacheldraht-Reihen oder ein Elektrodraht. Obwohl Schafe sich als Ausbruch-Spezialisten nicht entfernt mit Ziegen messen können, macht sie ihr dichtes Wollkleid doch so unempfindlich, daß sie weder durch den Stacheldraht noch durch einen Elektrozaun ausreichend beeindruckt werden.

Ein Stacheldrahtzaun ist, wie die Wollbüschel zeigen, für Schafe nicht ideal.

Auf einer frischen Koppel geht zunächst noch alles gut, aber sobald die Versuchung durch das außerhalb des Zauns wachsende Grün groß genug ist, schieben sie ihren Kopf unterhalb des Stacheldrahts oder des Elektrozauns hindurch. Ist ihnen das erst einmal gelungen, dann drücken sie immer weiter, bis sie unter dem Zaun hindurchgekommen sind oder diesen umgerissen haben.

Ein solcher Primitiv-Zaun ist nur dann ausreichend, wenn dahinter nichts ist, was sie verlocken könnte. Das trifft beispielsweise dann zu, wenn er eine Futterfläche von einer angrenzenden Straße abtrennt. Es ist auch möglich, mit einem Elektrozaun eine abgeweidete Koppel von einer neu beweideten, frischen Koppel abzutrennen, nicht jedoch, wenn damit die soeben beweidete Koppel von einer frischen abgetrennt werden soll. Eine wirkliche Sicherheit bieten Primitiv-Zäune nicht; brechen Schafe einmal aus einer Koppel in die benachbarte aus, ist das noch nicht tragisch. Ärger kann es werden, wenn sie den Außenzaun durchbrechen.

Ein Elektrozaun wäre an sich für die Unterteilung der Futterfläche in Koppeln ideal, weil er buchstäblich im Handumdrehen versetzt werden kann.

Ein elektrisches Knotengitter kann rasch versetzt werden und eignet sich zur Unterteilung der Weidefläche.

Seine abschreckende Wirkung beruht sehr wesentlich auf den ersten Erfahrungen, die das Schaf damit macht. Ein stark bewolltes Schaf, das bei trockenem Wetter mit ihm Bekanntschaft macht, wird davon nicht sehr beeindruckt sein. Ist es hingegen erst kürzlich geschoren worden und vielleicht überdies naß, empfindet es den Schock wesentlich stärker, die Wirkung wird dementsprechend nachhaltiger sein.

Wenn wir einen Elektrozaun verwenden, dann muß er zwei stromführende Drähte in 25 und 50 Zentimeter Höhe der einen Meter hohen Steckstangen haben. Besser noch wäre es, wenn ein dritter stromführender Draht dicht über dem Boden gespannt würde, aber es ist kaum zu verhindern, daß dieser mit der Vegetation in Berührung kommt, sodaß der Strom abgeleitet wird und der gesamte Zaun wertlos ist.

Besser als ein einfacher Elektrozaun ist ein Elektroknotengitter für Schafe. Das gesamte Knotengitter ist mit Ausnahme des auf dem Boden aufliegenden untersten Drahtes stromführend. Gerade das aber wird zuweilen zum Problem, denn wenn die Schafe erst einmal ihren Kopf daruntergeschoben haben, heben sie rasch den leichten Zaun hoch (10 Meter Knotengitter wiegen nur etwa ein Kilogramm samt der Steckstäbe). Außerdem ist ein Elektroknotengitter recht teuer.

Eine scheinbar logische, wenn auch recht aufwendige Möglichkeit wäre es, nicht nur den Außenzaun, sondern auch die Zwischenzäune stationär zu ziehen, so daß die Gesamt-Futterfläche in feste Koppeln unterteilt wird, die nicht variiert werden können. Dadurch wird allerdings die Weidepflege erheblich erschwert. Außerdem ist eine Bemessung der Koppelgröße in Abhängigkeit von den Vegetationsverhältnissen und den wechselnden Bedürfnissen der heranwachsenden Lämmer nicht mehr möglich.

Ohne Frage die beste Möglichkeit, den Schafen ausbruchsichere Koppeln beliebiger Größe zuzuteilen, sind versetzbare Hürden aus Holz. Vier horizontale Latten sind dabei an den beiden Enden und in der Mitte durch drei vertikale, einen Meter lange Latten verbunden; zwei von der Mitte zu den Enden verlaufende diagonale Latten sorgen für Stabilität. An den vertikalen Latten befindet sich jeweils ein verschiebbarer Metallring, mit dem die Hürden untereinander verbunden werden und durch die daumenstarke Metallstäbe gesteckt werden können, die in den Boden eingeschlagen werden. In der Regel sind diese Hürden vier Meter lang; die unteren horizontalen Latten liegen enger beieinander als die oberen.

Diese Schafhürden sind im einschlägigen Handel zu kaufen, aber auch leicht selbst herzustellen. Man sollte sich dabei allerdings nach einer Vorlage orientieren und die Latten nicht nageln, sondern verschrauben. Werden sie einmal im Jahr mit einem Holzschutzmittel gestrichen, insbesondere die Hirnholzseiten der Vertikallatten, halten sie sehr lange.

100

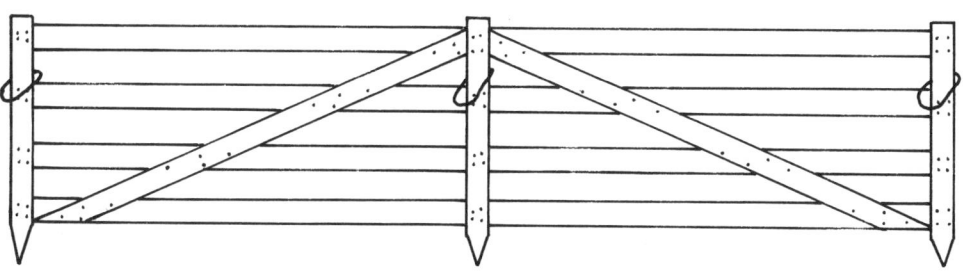

Am zweckmäßigsten zur Zuteilung von Koppeln sind noch immer versetzbare Holzhürden.

Zweckmäßige Unterteilung der Weide durch Hürden.

Eine Hürde ist vier Meter lang und einen Meter hoch, die Verbindungen sind geschraubt, drei Eisenringe ermöglichen die Befestigung an Pfählen (*Quelle: H. W.*).

Obwohl die unteren Horizontallatten dichter beieinander liegen als die oberen, können junge Lämmer dennoch hindurchschlüpfen. Das ist kein großer Nachteil, denn sie kommen zum Saugen doch immer wieder zu ihren Müttern zurück, und wenn sie größer werden, kommen sie ohnehin nicht mehr hinaus. Will man auch die jungen Lämmer daran hindern und/oder auch Geflügel, etwa Gänse, durch die Hürden pferchen, kann man sie mit Maschendraht bespannen.

Auch für den Außenzaun genügt eine Höhe von einem Meter völlig. Am besten ist ein fester Maschendraht (Viereck-Geflecht), aber das erheblich billigere Schafknotengitter erfüllt seinen Zweck gleichfalls. Ein oberhalb des Zauns gespannter Stacheldraht dient nicht dazu, das Ausbrechen der Schafe zu verhindern, sondern das Übersteigen durch Fremde oder das Überspringen durch Hunde zu erschweren.

Wie wir wissen, versuchen Schafe, ihren Kopf unter dem Zaun hindurchzuschieben, um an für sie reizvolles Futter außerhalb des Zauns zu gelangen. Um das zu verhindern, muß der unterste Spanndraht des Zauns möglichst dicht am Boden verlaufen. Zwei weitere Spanndrähte, in der Mitte und oben, sind erforderlich.

Der Zaun wird an Holzpfählen befestigt, die vier bis fünf Meter voneinander entfernt sind. Sie werden 50 bis 70 Zentimeter tief in den Boden eingelassen. Unter Berücksichtigung eines Überstands für den Stacheldraht ergibt sich eine erforderliche Pfahllänge von 180 Zentimetern. Es genügt eine Stärke von acht bis zehn Zentimetern, Eck- und Torpfosten sollten etwas stärker sein.

Selbst unter günstigsten Umständen müssen wir für eine Futterfläche, auf der drei Mutterschafe samt Nachwuchs gehalten werden können, etwa 60 Pfähle setzen. Das ist eine beträchtliche Arbeit, zumal die Haltbarkeit der Pfosten normalerweise deutlich unter jener des Drahtzauns liegt. Wir sollten uns also etwas Mühe machen, die Haltbarkeit der Zaunpfähle zu verbessern, um nicht nach wenigen Jahren erneut vor diesem Problem zu stehen. Verwendet werden grundsätzlich nur Pfähle aus Eichen- oder Lärchenholz, die entrindet sein sollten. Zumindest die untere Hälfte wird mit einem Holzschutzmittel getränkt, ebenso die etwas abgeschrägte Oberseite. Mit Abstand am haltbarsten, aber auch am teuersten sind druckimprägnierte Pfosten.

Die Spanndrähte müssen immer straff sein, damit die Schafe sich nicht darunter hindurchquetschen können. Bei Sommerwärme dehnt sich der Draht aus, bei Winterkälte zieht er sich zusammen. Überdies scheuern sich Schafe gern am Zaun. Es wird also ein sehr starker Zug auf die Befestigungspfosten ausgeübt, insbesondere auf die Eck- und die Torpfosten, die deshalb etwas stärker sind, besonders sorgfältig mit Steinen, eventuell so-

Als Weidezaun ist dieses Knotengitter mit zusätzlichem Stacheldraht bestens geeignet; der Stacheldraht verhindert, daß Unbefugte den Zaun übersteigen und herunterdrücken.

gar mit Beton im Boden festgekeilt werden und einer raffinierten Abstützung bedürfen, deren Details aus der Illustration ersichtlich sind.

Wenn wir sicher sein wollen, daß der mit U-Krampen an den Pfosten befestigte Draht nicht durch die sich daran scheuernden Schafe abgedrückt wird, spannen wir ihn nicht an der Außen-, sondern an der Innenseite der Pfosten.

Eckverbindungen eines Weidezaunes *(Quelle: AID).*

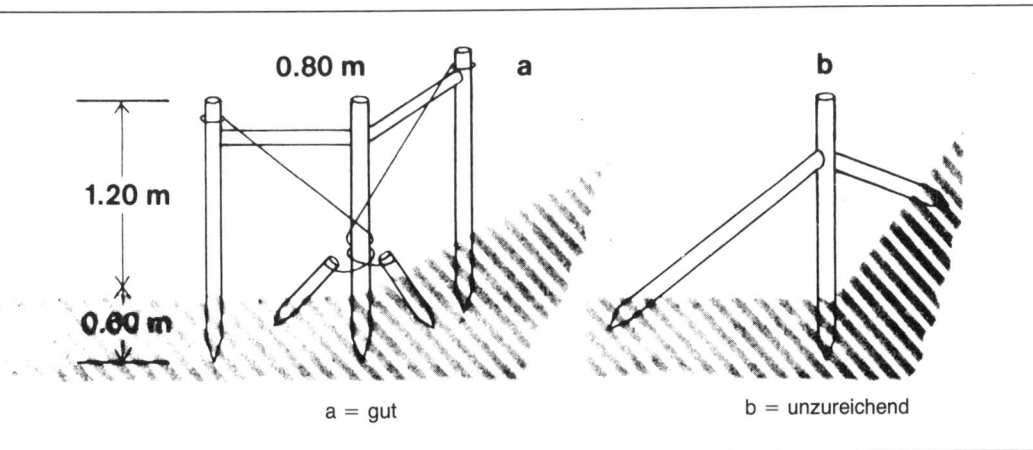

An sich muß das Tor nicht sehr breit sein, aber auch konsequent auf Eigen-hilfe vertrauende Selbstversorger sollten die Möglichkeit nicht ausschlie-ßen, gelegentlich mit landwirtschaftlichen Maschinen auf die Futterfläche fahren zu müssen. Es bietet sich an, als Tor eine der üblichen, vier Meter langen Schafhürden zu verwenden. An einer Seite wird die Hürde mit Drahtschlaufen so am Pfosten befestigt, daß sie nach innen aufschlägt, auf der anderen Seite genügt als Sicherung eine Drahtschlinge oder ein Ha-ken, weil die Schafe das Tor ja nicht nach außen aufdrücken können, wenn es nach innen aufschlägt.

Wie groß sollen die Koppeln sein, die wir den Schafen jeweils zumessen? Je größer sie sind, um so seltener müssen wir sie versetzen und um so we-niger Koppeln benötigen wir, aber um so schlechter wird die Weidenut-zung. Die ideale Bewuchshöhe liegt zwischen 15 und 25 Zentimetern. Für die Beweidung gilt der Grundsatz „kurze Weidezeiten, lange Ruhezeiten". Eine Mindest-Ruhezeit von drei Wochen kann in Ausnahmefällen im Mai/Juni geringfügig unterschritten werden, wenn der Bewuchs bereits wieder die ideale Höhe erreicht hat. Umgekehrt dauert es im Herbst even-tuell mehr als sechs Wochen, bevor das Gras wieder herangewachsen ist. Als bester Kompromiß zwischen einer optimalen Weidenutzung einerseits und geringem Zeitaufwand andererseits gilt eine Weidedauer von knapp einer Woche. Da Schafe immer die gleichen Liegeplätze bevorzugen, bil-den sich bei einer längeren Beweidung dort zusätzliche Geilstellen. Wir sollten bei der Weideführung darauf achten, daß das Gras vor der Bewei-dung oder Heuernte bzw. dem Silageschnitt keine Rispen ausbildet oder gar aussamt, weil dann Nährstoffe verlorengehen, die Stengel holzig wer-den und sich die Grasbüschel schlechter bestocken.

Wenn wir einmal die der Winterfutter-Gewinnung dienende Fläche aus-klammern, würde es an sich genügen, für die Beweidung fünf Koppeln vor-zusehen, um bei einer Weidezeit von fünf Tagen die Mindest-Ruhezeit von drei Wochen einhalten zu können. Es ist aber zweckmäßiger, nicht das ge-samte Winterfutter von der gleichen Teilfläche zu ernten, sondern einen Wechsel zwischen Beweidung und Futtergewinnung anzustreben. Wie be-reits erwähnt, wird ja der Winterfutter-Fläche der gesamte Nährstoff-Ge-halt der Grünmasse entzogen, ohne daß ein Teil davon über die Ausschei-dungen der Schafe zurückfließt. Außerdem verbessert ein solcher Wech-sel zwischen Beweidung und Futternutzung die Qualität der Futterfläche. Die optimale Nutzung einer Futterfläche durch geschickte Weideführung verlangt einige Überlegung, wie der „vereinfachte" Weideplan (Tabelle 5 im Anhang) andeutet, der dem empfehlenswerten „Lehrbuch der Schaf-zucht" entnommen ist. Bei ihm wurde die gesamte Futterfläche in zehn Koppeln unterteilt. Alle Koppeln werden irgendwann einmal beweidet,

Eine nicht in einzelne Koppeln unterteilte Weide wird als Standweide bezeichnet.

während der Haupt-Vegetationszeit nur jeweils eine Koppel, ansonsten bis zu vier Koppeln gleichzeitig. Der Winterfutter-Gewinnung dienen vor allem die Koppeln VIII und IX, teilweise auch VI, VII und X.

Der Plan ist schon kompliziert genug, wird aber zu Recht als vereinfacht bezeichnet, weil es in der Praxis nicht möglich sein wird, den starren Fünf-Tage-Rhythmus konsequent einzuhalten und auch die Auswirkung der Lämmer auf die Weidenutzung nicht ersichtlich ist. Zudem ist der Beginn der Beweidung am 15. April und das Ende am 15. Dezember wesentlich von den Witterungsverhältnissen abhängig.

Wenn wir einmal die Milchschafe bzw. die Milchgewinnung beiseitelassen, dann ist das wichtigste Ziel der Weideführung eine rasche Gewichts-Zunahme der Lämmer durch optimale Verwertung des Futters. Auf den verhältnismäßig kleinen Koppeln konkurrieren die Lämmer bald mit den Mutterschafen um das beste und nahrhafteste Futter. Deshalb wurde in England das System des „creep grazing" entwickelt. Dabei gibt es in der Koppel-Abgrenzung ein Schlupfloch, das groß genug für die Lämmer, aber zu klein für die Mutterschafe ist. Dieses Loch mündet in eine zweite Koppel, in die die Mutterschafe anschließend getrieben werden, nachdem sie die erste Koppel sauber abgeweidet haben, während die Lämmer jetzt in eine neue Koppel schlüpfen können. Die Lämmer weiden also immer den Mutterschafen voraus, erhalten das beste Futter und nehmen rasch zu.

Es ist nicht ganz einfach, die Schlupflöcher so zu bemessen, daß nur Lämmer, nicht aber Mutterschafe hindurchkönnen. Das gilt vor allem, wenn die Mutterschafe im Mai geschoren werden, so daß ihre bewollten Lämmer ebenso breit sind. Deshalb wird empfohlen, die Schlupflöcher nicht in der Breite, sondern in der Höhe zu begrenzen (27 cm nach Schneider/Voigtländer), denn die Brusttiefe der Lämmer bleibt länger hinter jener der Mutterschafe zurück.

Eine Fläche, auf der die Schafe sich während der gesamten Weidezeit nach Belieben tummeln können, ohne Koppeln zugeteilt zu bekommen, wird als Standweide bezeichnet. Wie wir gesehen haben, ist dabei die Futterverwertung schlecht, so daß sie nur in Ausnahmefällen sinnvoll sein dürfte. Die bisher beschriebene Form der Koppelhaltung, bei der die Schafe knapp eine Woche auf einer Teilfläche grasen, ist die Umtriebsweide. Verkleinert man die Koppeln, so daß sie täglich versetzt werden müssen, spricht man von einer Portionsweide.

Die Portionsweide ist für Selbstversorger mit nur wenigen Schafen und einer begrenzten Futterfläche die zweckmäßigste Form der Weideführung. Nach Schneider/Voitgländer lag bei einem Vergleich der Portions- mit der Umtriebsweide der Gewichts-Zuwachs der Lämmer auf der Portionsweide um 15 bis 20 Prozent höher! Überdies wird bei einer Portionsweide die jeweils zugeteilte Fläche so sauber abgefressen, daß meistens der Reinigungsschnitt unterbleiben kann.

Bei meistens nur drei oder vier Schafen in einem Selbstversorger-Haushalt ist es auch möglich, auf die mehr oder weniger häufige Zuteilung neuer Koppeln zu verzichten und statt dessen die Schafe zu tüdern, wie das bereits beschrieben wurde. Das einzige Problem dabei liegt darin, daß die Lämmer nicht gehindert werden können, sich auf der gesamten Weidefläche zu verteilen. Eine interessante Alternative zu den Koppeln und zum Tüdern ist ein fahrbarer Pferch, der nach Bedarf einfach und rasch verschoben werden kann.

Schon aus arbeitswirtschaftlichen Gründen werden die Schafe im Regelfall nachts nicht aufgestallt, sondern bleiben ständig auf der Weide. Eine Ausnahme ist nur bei Milchschafen denkbar, die, wenn der Weg von der Weide zum Stall kurz ist, abends in den Stall kommen, wo sie abends und vor dem morgendlichen Austreiben am einfachsten zu melken sind. Hier kann man ihnen auch Kraftfutter geben, um den Milchertrag zu beeinflussen.

Ein kupferfreier Salzleckstein sollte auf keiner Weide fehlen.

Oft wird zumindest ein einfacher Unterstand auf der Weide für erforderlich gehalten, um den Schafen die Möglichkeit zu bieten, dort bei heißer Sonne oder strömendem Regen Schutz zu finden. Das ist aber bei einer Umtriebs- oder Portionsweide nicht ganz einfach, müßte der Unterschlupf doch beweglich sein. Auch auf einen zentralen Unterstand, der von allen oder doch den meisten Koppeln aus begehbar ist, sollte verzichtet werden, denn die Schafe zertrampeln in seiner Umgebung bald die Grasnarbe zu Staub; bei Regen wird daraus ein Morast, der einen hervorragenden Infektionsherd für Parasiten bildet.

Normalerweise ist ein Unterstand entbehrlich und der Verzicht darauf das vergleichsweise kleinere Übel. Kein anderes Tier ist so gut wie das Schaf vor jeglichen Witterungs-Einflüssen geschützt. Wenn Sie anderer Ansicht sind, können Sie ja einen fahrbaren Unterstand bauen – pro Mutterschaf mit zwei Lämmern wären etwa zwei Quadratmeter erforderlich.

Wie bereits erwähnt benötigen Schafe normalerweise während der Weidezeit kein Trinkwasser, sondern können ihren Wasserbedarf durch den Feuchtigkeits-Gehalt der Pflanzen und den Tau decken. Während der Laktation ist allerdings der Wasserbedarf höher. Allenfalls dann oder während einer ungewöhnlichen Trockenperiode kann es erforderlich sein, den Schafen zuweilen Trinkwasser anzubieten. Es sollte dann aber gleich getrunken werden und nicht stehen bleiben, denn kein Wasser ist immer noch besser als verdorbenes Wasser, und bei einer heißen Trockenperiode verdirbt das Wasser sehr rasch.

Die Schafe haben unter allen Nutztieren den höchsten Mineralstoff-Bedarf. Auf einer artenreichen, naturnahen Schafweide sollten sie eigentlich in der Lage sein, ihren Bedarf selbst zu decken. Da das aber nicht sicher ist, empfiehlt sich zumindest ein Salzleckstein, und zwar ein kupferfreier speziell für Schafe. Noch sicherer ist es, ihnen zur beliebigen Aufnahme vitaminisiertes Mineralstoff-Gemisch abzubieten, gleichfalls kupferfrei und speziell für Schafe. Am besten bauen wir dafür einen leicht versetzbaren Behälter, der mit den Schafen von Koppel zu Koppel wandert. Er muß so aufgestellt werden, daß die Schafe ihn nicht umwerfen können, und sollte von oben durch ein Dach vor Regen geschützt werden.

Kraftfutter ist, wir wissen es bereits, bei Milchschafen geeignet, um die Laktationsleistung zu fördern, bei guten Weideverhältnissen aber auch hier entbehrlich. Von dieser möglichen Ausnahme abgesehen sollten wir getrost während der Weidezeit auf jegliche Kraftfutter-Gaben verzichten. Im Winterstall ist das etwas anders, weil durch Kraftfutter die Zuchtleistung positiv beeinflußt werden kann, wie wir noch sehen werden, und weil es vor allem zu Beginn der Laktation nach dem Lammen für die Mutterschafe eine wertvolle Hilfe ist.

Der Schafstall

Der Stall ist das größte Problem bei der Nutztier-Haltung. Nicht zuletzt deswegen träumen fast alle potentiellen Selbstversorger davon, irgendwo auf dem Land einen ehemaligen Bauernhof mit Stallgebäude pachten oder billig kaufen zu können.

In reinen Wohngebieten ist jegliche Nutztierhaltung grundsätzlich verboten. Auch auf dem Land ist es aber gar nicht so einfach, die Genehmigung für einen Stall-Neubau zu bekommen, ganz abgesehen davon, daß ein solcher den baupolizeilichen Vorschriften entsprechender Neubau sehr teuer ist.

Wie wir gesehen haben, können Schafe während der Vegetationsperiode auf einer fernab der Wohnung gelegenen Weide weitgehend sich selbst überlassen bleiben, wenn man auf eine Milchnutzung verzichtet und damit das zweimalige tägliche Melken entfällt. Theoretisch ist es auch möglich, auf dem Land einen Winterstall zu pachten. Das entbindet uns aber nicht davon, die Schafe täglich zu versorgen. Auf jeden Fall kostet das viel Zeit; falls wir den Stall nicht zu Fuß oder mit dem Fahrrad erreichen können, kosten die täglichen Fahrten auch noch Geld.

Vielleicht ist es möglich, die Schafe während des Winters bei einem Bauern in Pension zu geben. Für die Stallpacht, das Winterfutter und seine Arbeit müssen wir dem Bauern dann aber so viel bezahlen, daß die Schafhaltung zum teuren Hobby wird. Zudem wird engagierten Selbstversorgern eine solche Abhängigkeit ein Greuel sein.

Da scheint es naheliegend, im Spätherbst vor der Aufstallung die Schafe einfach zu schlachten und im Frühjahr durch gekaufte Absatzlämmer zu ersetzen, die auf der Weide weitgehend sich selbst überlassen bleiben und uns auf diese Weise im nächsten Herbst wieder mit Fleisch versorgen. Leider aber ist dieses Verfahren zumindest aus wirtschaftlichen Gründen nicht vertretbar, wie bereits begründet wurde. Gerade weil die Lämmer während der Vegetationsperiode kaum Kosten und Arbeit verursachen, ist ein Absatzlamm im Frühjahr praktisch ebenso teuer wie ein Mastlamm im Spätherbst. Dieses Verfahren ist allenfalls dann denkbar, wenn Schafe als Hobby gehalten werden, um etwa im Sommer eine Grasfläche kurzzuhalten und uns das Mähen zu ersparen. Für Selbstversorger, die wirtschaftlich denken, kommt es nicht in Frage.

Das Problem mit dem Stall gilt natürlich nicht nur für Schafe, sondern für alle Nutztiere. Im Gegenteil kann man sogar getrost behaupten, daß es bei allen anderen Nutztieren noch viel größer ist. Schafe bleiben länger auf der Weide als jedes andere Nutztier, und ihre Ansprüche an ein Stallgebäude sind außerordentlich gering. Es erhebt sich sogar die Frage, ob wir die Schafe nicht auch im Winter auf der Weide lassen können?

Schafe stehen unter allen Nutztieren den Wildtieren noch am nächsten, und Wildtiere, wie Rehe oder Hirsche, oder auch das den Schafen eng verwandte Muffelwild, benötigen ja auch keinen Stall. Schafe haben diesen Wildtieren sogar den Vorteil ihres dichten und warmen Wollkleides voraus, das sie besser als deren verhältnismäßig kurzes Fellkleid vor allen denkbaren Witterungsbedingungen schützt.

Tatsächlich sehen die meisten Schafe, die weltweit gehalten werden, nie einen Stall von innen – nicht nur in warmen Ländern, sondern auch in Gegenden, in denen die Winter noch strenger sind als bei uns. Warum sollte es also nicht auch bei uns möglich sein, sie im Winter auf der Weide zu lassen?

Für Schafe, die im Winter nicht aufgestallt werden, ist eine Extensiv-Haltung erforderlich. Ähnlich wie die Wildtiere wandern sie beliebig herum, bis sie irgendwo Futter finden. Auch unsere Wildtiere würden oft in strengen Wintern verhungern, wenn sie nicht vom Jäger in ähnlicher Weise gefüttert werden wie die Nutztiere. Bei einer extremen Extensivhaltung dienen Zäune nur dazu, Schafe von bestimmten Flächen, etwa Gärten, fernzuhalten, ansonsten können sie beliebig herumwandern. Solche Verhältnisse aber dürften in Mitteleuropa kaum zu finden sein.

Nun gut: wenn also unsere Schafe sich ihr Winterfutter nicht selbst suchen können, dann müßte es doch eigentlich genügen, sie auch im Winter auf der Weide zu lassen und ihnen dort alle paar Tage einen Haufen Heu oder Silage hinzuwerfen, oder?

Leider genügt das nicht. Erstens würden Schafe den größten Teil des Futterhaufens verstreuen und in den Boden stampfen, so daß es verdirbt; zweitens zerstampfen sie bei nassem Wetter den nassen Boden zumindest an den von ihnen bevorzugten Stellen zu einem Morast, auf dem im nächsten Jahr kein Gras mehr grünt; drittens verbeißen sie mit ihrem „giftigen" Zahn auf ihrer begrenzten Weidefläche die Grasnarbe derart kurz, daß sie oft hoffnungslos zerstört wird.

Wenn wir tatsächlich die Möglichkeit haben sollten, unsere Schafe auf praktisch unbegrenzter Fläche frei laufen zu lassen, so daß sie sich ihr Futter auch im Winter suchen können, wird es genügen, sie wie Wildtiere an verteilten Futterstellen zuzufüttern. Selbst dann aber wäre es fraglich, ob man nicht doch lieber die Mühe einer Aufstallung vorzieht.

Einfacher geht es wirklich nicht: das Winterquartier dieser Herde besteht aus einem allseits offenen Schuppen, dessen Wetterseite durch Strohballen geschützt ist.

Die hohen Wirtschaftsleistungen unserer Nutztiere sind nicht naturgewollt, sondern das Ergebnis jahrhundertelanger züchterischer Selektion und unnatürlich günstiger Lebensbedingungen. Unter naturgemäß harten Lebensbedingungen, wie sie die Extensivhaltung bietet, verlieren selbst ertragsstarke Rassen einen großen Teil ihrer Eigenschaften, die ihren Ertrag beeinflussen. Denken Sie an die drei „F": zuerst verliert sich die Frühreife; die Schafe lammen also erstmals im zweiten Lebensjahr. Auch die Fruchtbarkeit geht deutlich zurück (fötale Degeneration), während die Frohwüchsigkeit in erster Linie vom Futterangebot der Vegetationszeit bestimmt wird.

Es bleibt also dabei, daß wir auch bei Schafen auf einen Stall nicht verzichten können, wobei es weniger um den Schutz der Schafe vor der Witterung als vielmehr um den Schutz der Weide vor den Schafen geht.

Ein Schafstall kann denkbar primitiv und einfach sein. Es genügt, wenn auf der Pachtweide ein schlichter Weideschuppen errichtet wird. In seiner einfachsten Form ist er nur an drei Seiten geschlossen, wobei die offene Seite nach Süden ausgerichtet ist; das Pultdach steht an dieser Seite so weit über, daß der Wind keinen Schnee oder Regen in den Schuppen treiben kann.

Ein solcher Weideschuppen besteht aus einem Balkenskelett. Die Seitenwände sind mit Brettern oder Schwarten benagelt (Stülpschalung), das Dach wird am besten mit Platten aus Welleternit oder einem ähnlichen Werkstoff belegt. Eine Regenrinne an der Vorderseite des Daches genügt, das Wasser kann in einen Trog geleitet werden, der als Tränke dient.

Weideschuppen in einer solchen Einfach-Bauweise sind nicht nur leicht und billig selbst zu bauen, sondern können auch innerhalb bestimmter Größenbegrenzungen ohne Baugenehmigung oder Bauanzeige errichtet werden. Da die entsprechenden Bestimmungen der Länder und Gemeinden sich erheblich voneinander unterscheiden, sollten Sie sich unbedingt bei dem zuständigen Bauamt genauer informieren.

Um zu verhindern, daß die Schafe den Schuppen verlassen und die Weidefläche in der beschriebenen Weise zerstören, muß die Vorderseite zumindest mit Schafhürden geschlossen werden. Besser ist es, auch die vierte Seite zu schließen und eine horizontal geteilte Tür einzubauen, deren Oberteil zur Belüftung offen gelassen werden kann.

Wenn Sie besonders nett zu Ihren Schafen sein wollen, können Sie vor dem Stall mit Hürden einen Pferch beliebiger Größe abteilen, in den Sie die Schafe zuweilen herauslassen. Machen Sie von dieser Möglichkeit nur zurückhaltenden Gebrauch, und nur dann, wenn die Grasnarbe durch Schnee und Frost geschützt ist, mag es sogar sein, daß sich dieser Pferch im nächsten Frühjahr wieder begrünt.

Weitaus besser ist es natürlich, wenn Sie einen Stall in unmittelbarer Hausnähe haben. Das erleichtert die täglichen Versorgungsarbeiten erheblich und ist praktisch die Voraussetzung für eine Milchnutzung durch Milchschafe. Zudem haben Sie dort dann die Möglichkeit, auch andere Nutztiere zu halten, aber das geht über den Rahmen dieses Buches hinaus.

Wie wir wissen, lammen Schafe in aller Regel im Februar/März, also im Schutz des Stalles. Das ist auch deswegen angenehm, weil bei den angestrebten Mehrlingsgeburten das Individualgewicht der Lämmer natürlich geringer ist als bei Einzellämmern. Leichte, kleine Lämmer aber sind verständlicherweise schutzbedürftiger als kräftigere Einzellämmer.

Ein am Haus gelegener Stall wird, sofern wir ihn nicht eigens nach unseren Vorstellungen bauen lassen, ursprünglich wohl nicht speziell für die Schafhaltung gebaut worden sein. Das ist aber nicht weiter schlimm, denn Schafe stellen denkbar geringe Ansprüche an ihren Stall, sofern er nur

Schemazeichnung eines einfachen Schafstalls
ausreichend für bis zu sechs Mutterschafen mit Lämmern.

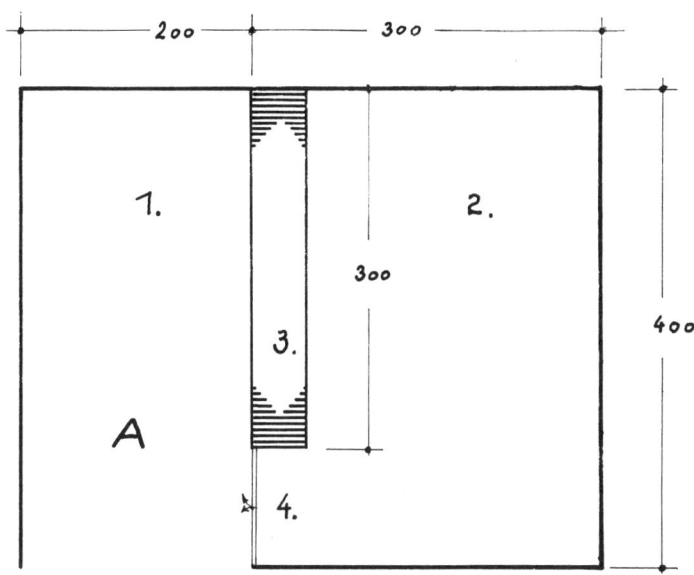

A. Im eigentlichen Stallraum (2.) ist eine Wandraufe (3.) aufgestellt, die vom Arbeits- und Bergeraum (1.) aus beschickt werden kann. Dieser Vorraum, in dem das Futter gelagert wird, ist mit dem Stallraum durch eine Tür (4.) verbunden. Er ist in diesem Beispiel vorn offen, kann aber auch geschlossen gebaut sein.

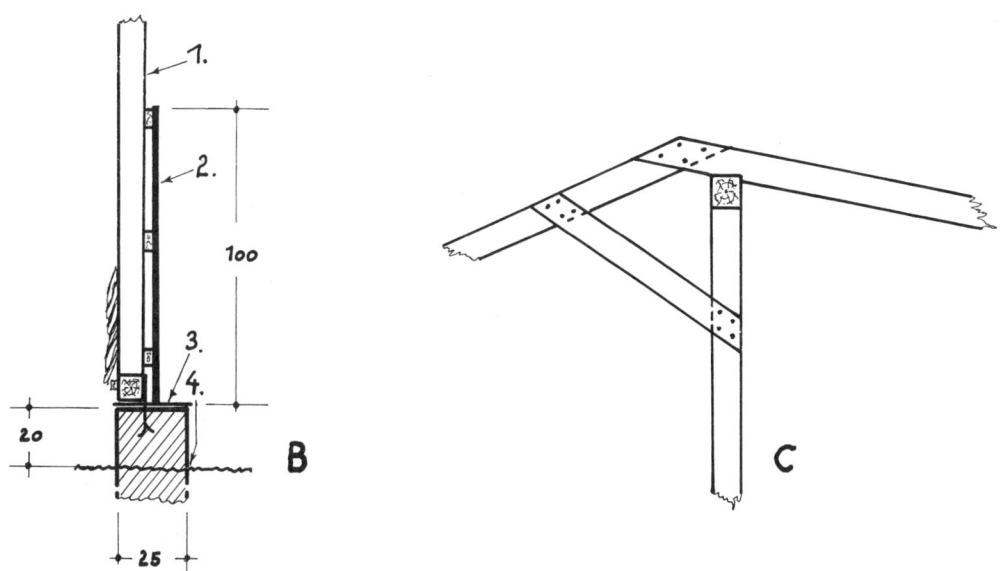

B. Detailzeichnung der Wand. Ein Rahmen aus Kanthölzern (1.) ist mit Schwarten in Stülpschalung benagelt und sitzt auf einem Fundament (4.), gegen das er durch Dachpappe (3.) isoliert ist. Auf der Innenseite befindet sich eine Asbestplatte (2.).

C. Detailzeichnung des Dachs. Auf den Kanthölzern des Rahmens sitzen einfache Nagelbinder als Pultdach mit beliebig weit überstehendem Vordach, das sich gegen die senkrechten Kanthölzer des Rahmens abstützt. *(Quelle: H. W.)*

luftig und trocken ist. Ich habe sogar schon gesehen, daß eine Fertig-Garage als Schafstall umfunktioniert worden ist!

Wie groß ist die für ein Mutterschaf samt Lämmern erforderliche Stallfläche? In kleineren Beständen rechnet man mit zwei Quadratmetern. Wenn Sie bedenken, daß eine Pkw-Garage etwa 20 Quadratmeter hat und somit rein rechnerisch groß genug für 10 Mutterschafe samt 20 bis 25 Lämmern wäre, können Sie den geringen Platzbedarf der Schafe voll würdigen.

Nur einen Haken hat die Sache: neben dem eigentlichen Stallraum benötigen wir noch einen Bergeraum für das Winterfutter und die Einstreu. Bei den üblichen Ställen ist dieser Bergeraum im Dachboden über dem eigentlichen Stallraum untergebracht. Das hat den Vorteil, daß keine zusätzliche Grundfläche erforderlich ist und man das Futter arbeitssparend von oben durch Luken direkt in die Raufen werfen kann (die Luken müssen verschließbar sein, damit der Stalldunst nicht in das Futter zieht).

Bei einem neu zu bauenden Kleintierstall für Selbstversorger ist eine solche Dachboden-Lagerung indes nicht zweckmäßig. Im gleichen Verlag ist ein Buch erschienen*, in dem ein für Selbstversorger idealer Stall zur Haltung von Hühnern, Kaninchen, Schafen oder Ziegen, Schweinen usw. mit allen Detailzeichnungen beschrieben ist. Selbst dieser sehr großzügig bemessene Stall hat nur eine Grundfläche, die unwesentlich über jener einer besseren Garage liegt. Da aber andererseits eine gewisse Mindesthöhe erforderlich ist, entsteht bei einem zusätzlichen Dachgeschoß über dem Kleintierstall eine seltsame Turmkonstruktion.

Wie groß ist der Bergeraum-Bedarf für eine „Produktionseinheit Mutterschaf"? Diese Frage ist weit schwerer zu beantworten als jene nach der erforderlichen Stall-Grundfläche. Der Bergeraum-Bedarf hängt ab von der Art des Futters, dessen Aufbereitung (Hoch- oder Niederdruck-Preßballen, lose Lagerung) und dem Einstreubedarf, der wiederum davon bestimmt wird, ob wir unsere Schafe im Tiefstall oder auf Spaltenboden halten. Siehe dazu Tabelle 6 im Anhang dieses Buches. Daraus können Sie ersehen, daß der Bergeraum-Bedarf etwa zwischen zwei und sechs Kubikmeter liegt. Wenn Ihre Selbstversorgung so weit geht, daß Sie auch Ihr Heu und Stroh selbst ernten und folglich in Ermangelung einer Ballenpresse lose lagern, müssen Sie von sechs Kubikmetern ausgehen.

Selbst die große Spanne von zwei bis sechs Kubikmetern ist aber nur ein Anhalt. Verzichten Sie auf Silage und füttern ausschließlich Heu, erhöht sich der Bergeraum-Bedarf; ersetzen Sie Heu (oder Silage) teilweise durch Kraftfutter, verringert er sich. Überdies läßt sich bei einem Spaltenboden auf Stroh verzichten, das ja den meisten Platz beansprucht.

---

*W. R. von Rhamm, „Das große Buch für Selbstversorger."

114

Durch den Lämmerschlupf können die Lämmer separat von den Mutterschafen gefüttert werden.

Wenn es sein muß, kann man auch ohne Bergeraum für Winterfutter und Einstreu auskommen. Es genügt, die gepreßte Silage mit einer Plane abzudecken und im Freien zu lagern. Ähnlich ist es mit Heu und Stroh, die gleichfalls mit Hilfe von Plastikplanen luftig und dennoch vor Regen und Schnee geschützt im Freien zu lagern sind. Nur Kraftfutter, das aber ohnehin nur einen sehr geringen Platzbedarf hat, sollte besser in einem Gebäude gut geschützt vor Witterung und Mäusen gelagert werden.

Zumindest aus arbeitstechnischen Gründen, aber auch zur Vermeidung von Futterverlusten ist eine Lagerung in einem Gebäude allerdings vorzuziehen. Sind bereits Wirtschaftsgebäude irgendeiner Art vorhanden, wird das kein Problem sein, denn der eigentliche Stallraum-Bedarf der Schafe und auch anderer Kleintiere ist ja so gering, daß dafür nur ein Teil der vorhandenen Wirtschaftsgebäude erforderlich ist. Bauen wir indes einen neuen Kleintierstall, wird ein Anbau für das Futter billiger und zweckmäßiger sein als ein Dachgeschoß.

Schafe werden üblicherweise im Tiefstall gehalten. Ihr Kot besteht bekanntlich aus trockenen Kügelchen, die Harnabsonderung ist wegen der geringen Wasseraufnahme gleichfalls sehr gering. Deshalb streuen wir auf das Strohbett täglich pro Schaf etwa ein knappes Kilogramm Stroh neu aus, ohne den Mist zu entfernen. Es entsteht auf diese Weise mit der Zeit eine trockene, warme Matratze, die nur den Nachteil hat, daß sie immer höher wird. Nach vier Monaten ist sie (bei einer Stallfläche von zwei Quadratmeter pro Mutterschaf) mindestens einen halben Meter hoch. Das bedeutet, daß alle Stallgeräte, auf die wir noch zurückkommen, versetzbar sein und in der Höhe mitwandern müssen. Außerdem müssen bei der Gesamt-Stallhöhe und der Fenster-Unterkante die Niveau-Unterschiede berücksichtigt werden.

Bei Tiefstall-Haltung sollte die Stallhöhe möglichst nicht unter 3,50 Meter liegen; notfalls mögen auch 3,00 Meter genügen, zumal dann, wenn die verfügbare Stallfläche größer ist und der Mist sich deshalb mehr verteilt. Die Unterkante der Stallfenster sollte mindestens 2,00 Meter, besser aber 2,50 Meter über dem Stallboden liegen und die Stalltür muß natürlich nach außen aufschlagen.

Bei dieser Gelegenheit gleich noch einige Bemerkungen zu den Fenstern. In der Literatur wird die Fensterfläche eines Schafstalls mit 5 bis 7 Prozent der Grundfläche angegeben (Doehner). Bei einem Stall für drei Mutterschafe (Grundfläche sechs Quadratmeter) wäre das ein winziges Fensterchen von 20 mal 20 Zentimetern. Etwas mehr wird es bei kleineren Beständen also schon sein müssen. Wegen der Bedeutung einer guten Belüftung sollten die Fenster zu öffnen sein, am besten sind Drehkipp-Beschläge wie an Wohnhaus-Fenstern.

Viele vorhandene Stallgebäude haben eine zu geringe Höhe, als daß sie die mit einem Tiefstall verbundene weitere Reduzierung vertragen. Wie erwähnt, kann man die Höhe der Mistmatratze dadurch verringern, daß man den Schafen einen größeren Stallraum überläßt, in dem sich der Mist entsprechend mehr verteilt. Viel eleganter aber ist der Spaltenboden.

Ein solcher Spaltenboden besteht aus Hartholzbohlen, die fünf Zentimeter breit und drei Zentimeter dick sind und die im Abstand von zwei Zentimetern zu herausnehmbaren Rosten zusammengefügt werden. Diese Roste werden in einer Höhe von etwa 30 Zentimetern über dem Niveau des Stallbodens verlegt, und zwar so, daß sie nicht federn oder sich durchbiegen, wenn die Schafe darauf herumlaufen.

Der Kot fällt durch seine trockene, kugelige Konsistenz und Form durch die Spalten auf den eigentlichen Stallboden, so daß die Schafe stets auf den trockenen Bohlen stehen und man auf eine Einstreu völlig verzichten kann.

Das spart die tägliche Arbeit des Heranschaffens und Einstreuens von Stroh sowie dessen Einlagerung und den dafür erforderlichen Bergeraum.

116

Die Haltung auf Spaltenboden erspart die Einstreu.

Außerdem, und das ist ein sehr wesentlicher Vorteil des Spaltenbodens, werden die gefürchteten Klauenkrankheiten zuverlässig verhindert.
Abgesehen von dem relativ hohen Preis des Spaltenbodens hat er nur einen Nachteil. Die Schafe liegen auf ihm nicht so warm wie auf der Mistmatratze des Tiefstalls. Deshalb sollte ein Spaltenboden nicht in einem offenen Stall verwendet werden.
Da das Bodenniveau sich nicht wie bei dem Tiefstall verändert, können die Stallgeräte, wie Tränken und Raufen, fest installiert werden, müssen also nicht in der Höhe verstellbar sein. Angenehm ist es freilich, wenn sie versetzt werden können, denn bei ihnen sammelt sich der Kot verstärkt an und kann auf diese Weise besser verteilt werden.
Statt des Spaltenbodens sind zunehmend Lochbleche zu finden, die im Prinzip die gleichen Vorteile haben, vielleicht noch etwas handlicher und pflegeleichter, jedenfalls aber noch teurer sind. Die Löcher haben einen Durchmesser von zwei Zentimetern, die Bleche müssen ordentlich verzinkt sein.

Der Mist des Tiefstalls wird ebenso wie der Kot bei der Haltung auf Spaltenboden oder Lochblechen nur einmal im Jahr entfernt, und zwar meistens im Herbst vor der erneuten Aufstallung, wenn er gut abgelagert ist
und direkt zum Düngen auf die abgeernteten Anbauflächen gebracht werden kann. Eine Alternative bei dem Kot des Tiefstalles ist es, diesen im
Frühjahr nach dem Austreiben der Schafe bei dem Umsetzen der Komposthaufen unterzumischen und den mit Schafkot verbesserten Kompost
dann im Herbst auszubringen. Mehr dazu finden Sie im Kapitel ,,Wolle, Felle, Seife, Mist.“
Ein fester Stallboden ist wohl nicht erforderlich, aber recht praktisch, da er
das Entmisten erleichtert. Auch die Wände müssen selbst bei einem dau-
erhaften Stall nicht unbedingt massiv sein, allerdings sollte der Sockel so
hoch sein, wie der Mist oder Kot maximal liegt, und zusätzlich mit einem
Schutzanstrich versehen werden.
Kommen wir nun zu der Einrichtung des Stalls und den dazu erforderlichen
Geräten. Bei größeren Beständen wird die Stallfläche nach Bedarf durch
die gleichen Hürden unterteilt, die wir bereits von der Weideaufteilung her
kennen und die im Stall an Hürdenständern befestigt werden. Bei unseren
wenigen Schafen im Selbstversorger-Betrieb ist das nicht nötig, aber die
Abteilung von ein oder zwei Ablammbuchten ist dennoch sehr zu empfehlen. Mutter und Lamm müssen sich erst einmal ,,kennenlernen.“ Nur in der
Zeit unmittelbar nach der Geburt ist das Mutterschaf bereit, den Individual-
geruch seines Lammes zu registrieren und es später daran zu identifizie-
ren. Zuweilen kommt es sogar vor, insbesondere bei erstmals lammenden
Schafen, daß sie ihr Lamm nicht annehmen wollen. Haben sie mehrere
Lämmer, lehnen sie manchmal das zweite oder eventuell dritte Lamm ab,
vor allem dann, wenn es ein anderes Geschlecht hat als das erstgeborene
Lamm (siehe dazu das Kapitel ,,Zucht und Aufzucht“).

118

Umgekehrt muß auch das Lamm seine Mutter sicher erkennen können. In den ersten Tagen stolpert es hilflos herum, nähert sich anderen Schafen und wird von diesen weggestoßen. Bei größeren Beständen kann es passieren, daß es seine Mutter nicht wiederfindet und schließlich erschöpft eingeht. Ich selbst habe einmal ein Eintagslamm entkräftet einige hundert Meter entfernt von einem Weideschuppen gefunden; es war durch die absperrende Hürde geklettert, herumgestolpert und hatte den Rückweg nicht mehr gefunden.

Alle diese Schwierigkeiten können durch eine Ablammbucht vermieden werden, die das Mutterschaf und seine Lämmer auf engem Raum zusammenhält und ihnen einige Tage lang Gelegenheit gibt, sich aneinander zu gewöhnen. Haben die Lämmer erst einmal gesaugt, sind sie auch von der Mutter akzeptiert.

Die Lämmer beginnen bereits in der zweiten Lebenswoche neben der Muttermilch Futter aufzunehmen. Da sie meistens im Februar/März geboren werden, verbringen sie bis zum Beginn des Weidegangs einige Wochen im Stall. Um eine rasche Gewichtszunahme zu fördern, kann man eine Lämmerbucht mit einem Schlupfloch einrichten, das wie bei dem „creep grazing" auf der Weidekoppel nur die Lämmer durchläßt; dort kann man ihnen besonders gutes Futter anbieten.

Im Stall müssen wir den Schafen auch Gelegenheit zur Wasseraufnahme geben, da sie ihren Bedarf nicht wie auf der Weide durch den Tau und die Feuchtigkeit des Grünfutters decken können, aber auch, weil der Wasserbedarf bei Milchabsonderung erheblich zunimmt. Ideal ist eine automatische Tränke, die immer frisches Wasser enthält. Für Schafe besonders geeignet sind jene automatischen Tränken, bei denen der Wasserfluß durch einen Schwimmer gesteuert wird. Wenn es sich um ein Gerät handelt, bei dem der Wasserfluß durch das Schaf ausgelöst wird, indem es gegen eine Lasche im Tränkbehälter drückt, dann sollte diese Lasche durchbrochen sein, damit das Schaf das Wasser sieht.

Bei Winterhaltung in einem Weideschuppen oder in einem Stall ohne Wasserleitung muß man den Schafen täglich frisches Wasser bringen. Der Behälter sollte so befestigt sein, daß er nicht umgeworfen werden kann. Als Tagesbedarf kann man etwa zwei Liter Wasser pro Schaf zugrundelegen. Wenn auf Sauberkeit geachtet wird, ist es möglich, das bei einem Weideschuppen über die Regenrinne in einen Trog geleitete Regenwasser zu verwenden, das bei winterlichen Temperaturen nicht so bald verdirbt.

Winterliche Temperaturen sind dafür verantwortlich, daß Wasser in einem offenen Stall einfrieren kann. Auch automatische Tränken frieren leicht ein, eine tägliche Kontrolle ist also sehr zu empfehlen.

Für die Versorgung mit Mineralfutter können wir den gleichen Behälter benutzen, den wir auch auf der Weide verwendet haben. Auch er muß natürlich so befestigt werden, daß er von den Schafen nicht umgeworfen werden kann.

Das wichtigste Stallgerät ist eine Vorrichtung zur Futteraufnahme. Es sollte möglich sein, alle vorgesehenen Futtermittel darin anzubieten, also Heu, Silage, Rüben und Kraftfutter. Außerdem sollen die Schafe daran gehindert werden, das Futter zu verstreuen. Bei Tiefstall-Haltung wird es dann in den Mist getreten, bei einem Spaltenboden verschwindet es zwischen den Spalten. Angenehm wäre es überdies, wenn der Arbeitsaufwand der täglichen Fütterung möglichst gering ist und wenig Stallfläche verlorengeht. Schließlich sollte auch noch eine Verschmutzung der Wolle vermieden werden.

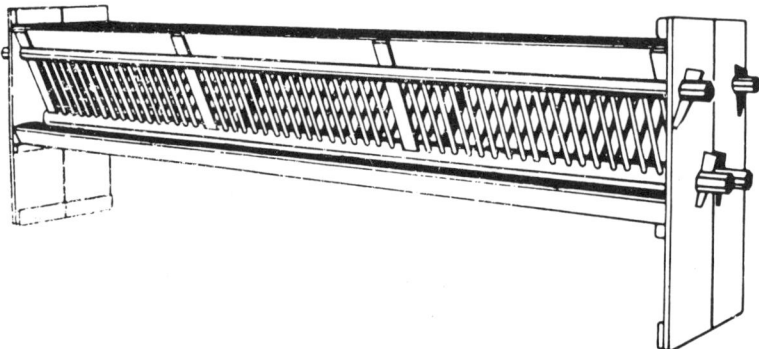

Raufe, frei aufstellbar oder in zwei Teile zerlegt als Wandraufe verwendbar.
(Quelle: Koller).

Am bekanntesten ist die Wandraufe, bei der schräg an der Wand angebrachte Sprossen das Rauhfutter aufnehmen. Die Sprossen sind fünf Zentimeter voneinander entfernt, so daß die Schafe das Heu dazwischen herausziehen müssen. Ein oben angebrachtes Nackenbrett verhindert, daß die Schafe sich die Wolle durch Heureste verschmutzen. Unter den Sprossen sollte ein Trog angebracht sein, der ebenso tief ist wie die Oberkante der Raufe. Er dient der Aufnahme von Silage oder Kraftfutter und fängt Heureste auf, die sonst zu Boden fallen.

Diese Form der Wandraufe ist platzsparend und schon deswegen bei nur wenigen Schafen zweckmäßig. Pro Mutterschaf samt Lämmer rechnet man mit einer Raufenlänge von etwa 60 Zentimetern. Bei größeren Beständen würde sich eine sehr große Raufenlänge ergeben. Ab etwa zehn

120

Einseitige Raufe zum Selbstbauen
(»Deutsche Schafzucht«, Dr. Schlolaut)

Auch hier wird Baustahlgewebe verwendet. Die Raufe kann frei oder an einer Wand aufgestellt werden.

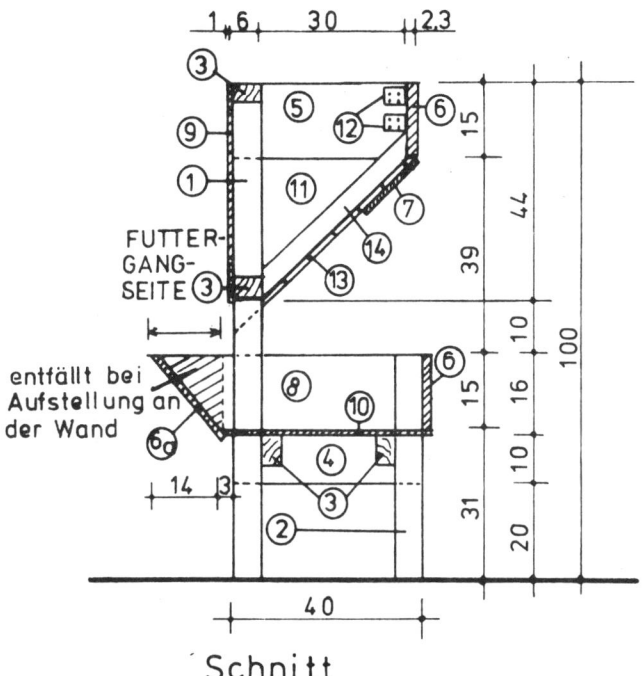

Schnitt

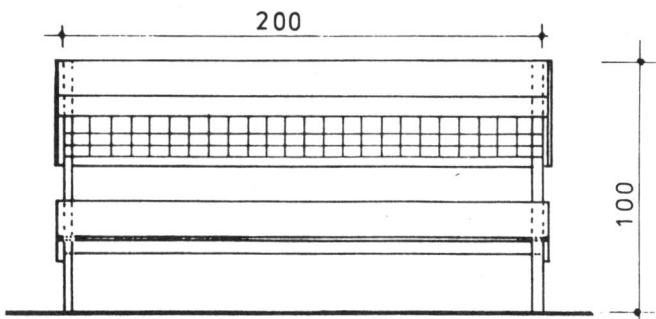

Materialbedarf für einseitige Trograufe

① 2 Kanthölzer 4/6 cm à 96 cm lang
② 2 Kanthölzer 4/6 cm à 46 cm lang
③ 4 Kanthölzer 4/6 cm à 200 cm lang
④ 2 Bretter 2,4/10 cm à 40 cm lang
⑤ 2 Bretter 2,4/15 cm à 39 cm lang
⑥ 2 Bretter 2,4/15 cm à 205 cm lang
⑥ 1 Brett 2,4/25 cm à 200 cm lang
⑦ 1 Brett 2,4/20 cm à 205 cm lang
⑧ 2 Bretter 2,4/15 cm à 60 cm lang
⑨ 1 wetterfest verleimte Sperrholzplatte
   (oder Bretter) 1/44/207 cm

⑩ 1 wetterfest verleimte Sperrholzplatte
   (oder Bretter) 1/45/207 cm
⑪ 2 wetterfest verleimte Sperrholzplatten
   (oder Bretter) 1/45/50 cm
⑫ 4 Sinding-Eckverbinder 35/50 mm
⑬ 1 Baustahlgewebe Maschenweite
   7,5/7,5 à 50/205 cm
⑭ 2 Dachlatten 2,4/5 cm à 55 cm
Sinding Ankernägel 31/60 mm und
31/40 mm Holzschrauben 3 x 25
Krampen, Schenkellänge 24 mm

Doppelseitige Raufe zum Selbstbauen.
(»Deutsche Schafzucht«, Dr. Schlolaut)

Die Verwendung von Baustahlgewebe statt der traditionellen Sprossen vereinfacht den Selbstbau erheblich.

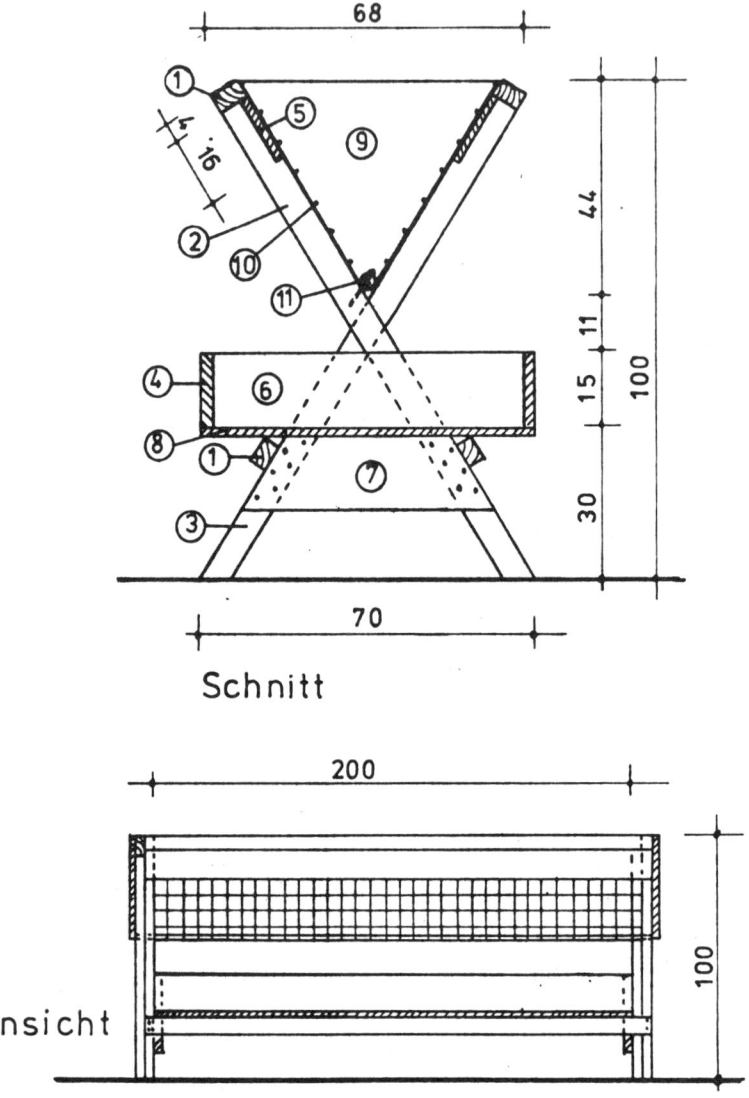

Schnitt

Ansicht

Materialbedarf für doppelseitige Trograufe

① 4 Kanthölzer 4/6 cm à 215 cm lang
② 4 Kanthölzer 4/6 cm à 120 cm lang
③ 4 Kanthölzer 4/6 cm à 60 cm lang
④ 2 Bretter 2,4/15 cm à 205 cm lang
⑤ 2 Bretter 2,4/16 cm à 200 cm lang
⑥ 2 Bretter 2,4/15 cm à 70 cm lang
⑦ 2 Bretter 2,4/15 cm à 55 cm lang
⑧ 1 wetterfest verleimte Sperrholzplatte
(oder Bretter) 1,8/70/200 cm

⑨ 1 wetterfest verleimte Sperrholzplatte
(oder Bretter) 1,8/70/70 cm
für zwei Seiten-Kopfteile
⑩ 1 Baustahlgewebe, Maschenweite
7,5/7,5 cm à 120/215 cm
⑪ 1 1" Rohr à 215 cm lang

Sinding Ankernägel 31/40 und 31/60 mm
Krampen, Schenkellänge 16 mm

Schafen ist deshalb eine freistehende Doppelraufe zweckmäßiger, die überdies leichter zu befüllen ist und versetzt werden kann, so daß sich der Kot besser verteilt. Außerdem kann sie bei Bedarf auch zur Unterteilung des Stalles dienen. Einzelheiten sind der Zeichnung zu entnehmen. Der Nachteil der Doppelraufe, die ansonsten der Wandraufe entspricht, ist ihr Platzbedarf: eine für zehn Schafe ausreichende, drei Meter lange Doppelraufe beansprucht eine Stellfläche von mehr als zwei Quadratmetern.

Aus mancherlei Gründen besonders empfehlenswert ist die skandinavische Raufe. Es handelt sich dabei um einen sehr leicht selbst herzustellenden Trog, etwa 40 Zentimeter hoch und 50 Zentimeter breit; die Länge richtet sich nach der Zahl der Schafe, wobei man pro Schaf eine Troglänge von 30 Zentimetern zugrundelegt. Im Abstand von 40 Zentimetern ist über dem Trogrand und parallel dazu ein Lattenrechteck angebracht, das verhindert, daß die Schafe in den Trog klettern.

In den Trog kann man jedes beliebige Futter schütten. Bei Heu empfiehlt es sich allerdings, ein grobmaschiges Baustahlgewebe mit den Innenabmessungen des Troges aufzulegen, damit die Schafe das Heu nicht büschelweise herausziehen und verstreuen.

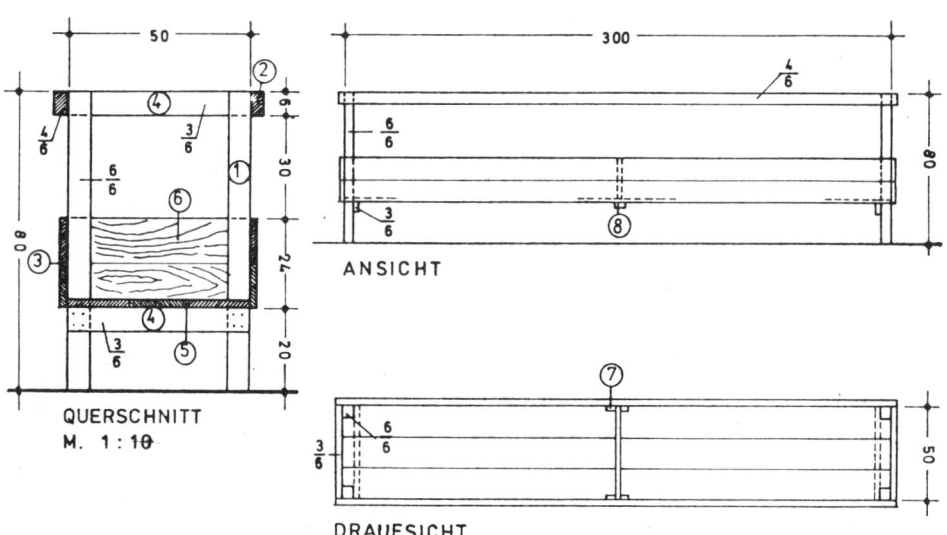

Skandinavische Raufe zum Selbstbauen
(»Deutsche Schafzucht«, Dr. Schlolaut).

QUERSCHNITT
M. 1:10

ANSICHT

DRAUFSICHT

Materialbedarf

① 4 Kanthölzer 6/6 cm à 80 cm lang
② 2 Kanthölzer 4/6 cm à 300 cm lang
③ 4 Bretter 2,4/12 cm à 300 cm lang
④ 4 Bretter 3/6 cm à 58 cm lang
⑤ 3 Bretter 2,4/17 cm à 300 cm lang

⑥ 6 Bretter 2,4/12 cm à 55 cm lang
⑦ 4 Dachlatten 2,4/5 cm à 24 cm lang
⑧ 1 Dachlatte 2,4/5 cm à 55 cm lang

Sinding Ankernägel 31/60 und 31/40 mm

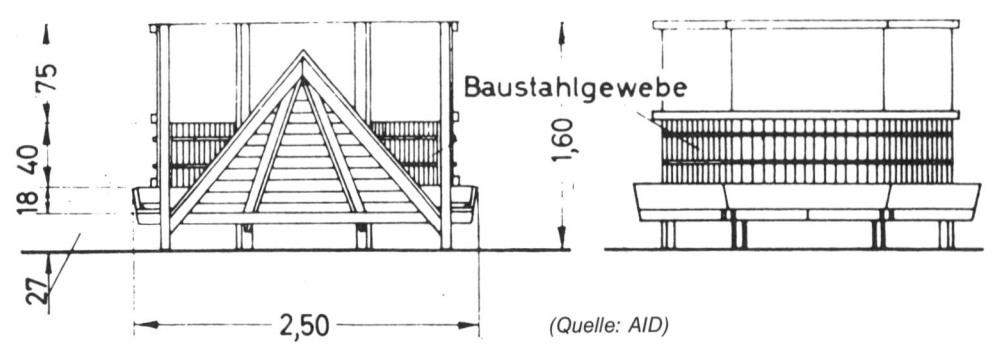

Sechseckraufe (Rundraufe)

Baustahlgewebe

1,60

75

18 40

27

2,50

(Quelle: AID)

Eine andere Fütterungs-Vorrichtung ist nur für größere Bestände sinnvoll und für Selbstversorger nur von beiläufigem Interesse; sie wird der Vollständigkeit halber erwähnt: die Rundfutter-Raufe. Ihre Grundfläche kann rund, sechs- oder achteckig sein. Da durch die Rundform die Körper der Schafe beim Fressen weit genug voneinander entfernt sind, genügt pro Schaf eine Raufenlänge von 25 Zentimetern. Die Einzelheiten der Konstruktion einer Rundfutter-Raufe sind aus der Zeichnung ersichtlich. Ihre Vorteile sind der geringe Platzbedarf und die Möglichkeit einer Vorratsfütterung.

Was den Platzbedarf anbelangt: eine für 15 Mutterschafe ausreichende Rundfutter-Raufe beansprucht eine Stellfläche von kaum mehr als einem Quadratmeter. Silage, ggf. mit untergemischtem Kraftfutter, rutscht an der Flanke des Innenkegels nach unten bis zum Freßschlitz, der verstellbar ist, um der unterschiedlichen Konsistenz des Futters angepaßt werden zu können. Heu kann sowohl unten am Freßschlitz, als auch durch die Maschen des äußeren Baustahlgewebes aufgenommen werden. Bei entsprechender Höhe des Zylinders kann die Rundraufe mit einer für mehrere Tage ausreichenden Futtermenge beschickt werden.

Für Kleinbetriebe wird die skandinavische Raufe wahrscheinlich am zweckmäßigsten sein. Ihr größtes Problem liegt darin, daß ältere Lämmer hineinklettern, sich hinlegen und auch das Futter beschmutzen.

Das alles mag den Eindruck erwecken, als sei die Stallhaltung aufwendig und kompliziert. Im Vergleich zum Weidegang mag das auch zutreffen, aber ansonsten ist der tägliche Arbeitsaufwand gering, vor allem dann, wenn der Stall in Hausnähe liegt. Sie können im Einzelfall durchaus von den hier beschriebenen Verhältnissen abweichen. Nur ein ehernes Gesetz gilt es zu beachten: eine gute Belüftung ist unerläßlich! Unsere sonst so robusten Schafe reagieren auf das in manchen Viehställen übliche feuchtwarme Klima ausgesprochen empfindlich.

124

Das gesunde und das kranke Schaf

Wie in diesem Buch bereits mehrfach erwähnt wurde, stehen Schafe unter allen Haustieren den Wildtieren noch am nächsten, sind also recht robust. Abgesehen davon, daß es auch bei Wildtieren Krankheiten gibt, haben sich unsere Schafe aber als Folge einer zehntausendjährigen Domestikation dennoch erheblich von ihren wilden Vorfahren entfernt. Zudem halten wir sie unter Bedingungen, die wenig naturgemäß sind und unter denen auch Wildschafe Krankheiten entwickeln würden.

Als Beispiel dafür mag das Muffelwild dienen, das ja zu den Vorfahren unserer Schafe gehört und das stellenweise in unseren Wäldern zu finden ist. Es stammt, wie wir wissen, aus dem Mittelmeerraum, wo es in Korsika und Sardinien noch heute vorkommt; bei uns ist es schon vor langer Zeit ausgesetzt worden, also kein bodenständiges Wild. Oft unterscheiden sich seine Lebensbedingungen in unseren Wäldern erheblich von jenen seiner Heimat. Dort lebt es auf felsigem und steinigem Untergrund, wo sich seine Klauen normal abnützen können. Hier, wo in unseren Wäldern ein solcher Untergrund fehlt, treten rasch teilweise groteske und die Beweglichkeit stark beeinträchtigende Klauen-Wucherungen auf.

Das ist bei unseren Schafen natürlich noch ungleich schlimmer, denn sie laufen ausschließlich auf weichem Untergrund und bewegen sich sowohl auf der Koppel im Sommer als auch im Winterstall nur wenig, so daß es zu keiner Abnutzung der ständig nachwachsenden Klauen kommen kann. Würden wir diese Klauen nicht zurückschneiden, könnten die Schafe bald kaum mehr laufen.

Die Natur betreibt eine strenge Selektion; nur Tiere, die die zum Daseinskampf erforderlichen Eigenschaften ausgeprägt besitzen, überleben und pflanzen sich fort. Wir Menschen machen der Natur Konkurrenz, indem wir ganz andere Eigenschaften fördern, die uns erwünscht erscheinen, in der Natur aber zum Aussterben verurteilt wären. Die Zucht aller unserer Nutztiere ist auf unnatürlichen anatomischen Mißbildungen aufgebaut; im günstigsten Fall haben wir Eigenschaften herausgezüchtet, die in der Natur unnötig sind und dort rasch wieder verschwinden würden, wie unsere drei „F": Frühreife, Fruchtbarkeit und Frohwüchsigkeit.

Unter den harten Daseinsbedingungen ist ein Wildschaf im ersten Lebensjahr einfach noch nicht in der Lage, fruchtbar zu sein; meist dauert das Einsetzen der Fruchtbarkeit bis zum dritten Lebensjahr. Mehr als zwei Lämmer kann ein Wildschaf in freier Natur kaum aufziehen, und selbst zwei Lämmer sind schon viel. Die Frohwüchsigkeit ist eine generationenlange Anpassung an unnatürlich günstige Lebensverhältnisse und würde bei knappem Futter und mehr Bewegung rasch wieder verschwinden.

Im ungünstigeren Fall würden sich die von uns erzüchteten Eigenschaften in freier Wildbahn als lebensbedrohend erweisen. Die dichte, lange Wolle ist im Gebüsch und Gestrüpp recht hinderlich; wenn wir das Schaf nicht scheren, wird die Wolle so lang, daß sich bei Durchfall dicke Kotklumpen am Schwanz und um den After herum bilden, in denen sich allerlei Ungeziefer ansiedelt. Die angestrebte Schlachtkörper-Qualität ist lediglich eine die Beweglichkeit behindernde einseitige Ausbildung bestimmter Körper-Partien. Mufflons wiegen knapp die Hälfte von Schafen! Bei allen domestizierten Haustieren ist das Gehirngewicht im Verhältnis zum Körpergewicht um bis zu einem Drittel geringer als bei den wild lebenden Ursprungsrassen, nicht nur bei Schaf und Mufflon, sondern auch etwa bei Schwein und Wildschwein, ja sogar bei Hund und Wolf, obwohl doch der Hund gerade wegen seiner Intelligenz und Treue von uns so geschätzt wird, daß wir ihn halten, ohne einen materiellen Nutzen von ihm zu haben. Unsere Haustiere stehen nicht mehr im Überlebenskampf – den haben wir ihnen abgenommen. Wir schützen, füttern und pflegen sie, so daß es ganz automatisch zu einer Anpassung an die neuen, günstigen Lebensbedingungen gekommen ist und sich nicht mehr benötigte, brachliegende Eigenschaften immer mehr zurückgebildet haben.

Bezeichnenderweise tritt der Verlust an Gehirnmasse insbesondere in jenen Teilen des Gehirns auf, die der Steuerung der Sinnesorgane und des Bewegungsablaufs dienen. Jäger wissen, wie schwer es ist, sich an das Muffelwild mit seinen hervorragenden Sinnesorganen heranzupirschen, und Mufflons überspringen locker zwei Meter hohe Zäune, während unsere Schafe schon bei einem Meter überfordert sind.

Wie wenig wir von der Intelligenz unserer Haustiere halten, geht schon daraus hervor, daß wir jene unter unseren Mitmenschen, deren Intelligenz uns etwas zurückgeblieben erscheint, als dummer Esel, dumme Gans, dummes Schaf und so weiter bezeichnen, während es wohl niemand in den Sinn käme, sie als dummer Hirsch, dummer Wolf oder ähnlich zu titulieren.

Auch Wildtiere sind keineswegs gegen gefährliche Krankheiten gefeit. Hirsche, Rehe und insbesondere Mufflons leiden z. B. oft so erheblich unter Wurmbefall, daß Jäger versuchen, ihnen über das Winterfutter oder Salzlecksteine Mittel dagegen einzugeben und sie dennoch häufig daran qual-

126

voll verenden. Allerdings schützt sich die Natur gegen eine seuchenhafte Ausbreitung dadurch, daß die Rudelgemeinschaften in freier Wildbahn schon wegen des begrenzten gebietsweisen Nahrungsangebots relativ klein bleiben und voneinander weitgehend isoliert sind. Bei den Schafen hingegen sind wir ja bemüht, sie unter optimaler Ausnutzung der Futterfläche in so großer Zahl zu halten, wie es diese Futterfläche erlaubt.

In den meisten Büchern über Schafe nehmen deren Krankheiten und die Möglichkeiten der Verhütung einen breiten Raum ein. Glücklicherweise wird auch hier nicht ganz so heiß gegessen, wie gekocht wird. Eine Aufzählung der zahlreichen möglichen Schafkrankheiten bringt dem Selbstversorger, der ja nur wenige Schafe nebenbei hält und sie nicht wie ein professioneller Halter zur Erwerbsgrundlage macht, wenig; meist werden solche Aufzählungen von Schafkrankheiten allenfalls flüchtig überflogen oder gleich ganz überschlagen. In erster Linie wird sich unsere Gesundheits-Vorsorge auf Pflegemaßnahmen und auf die Verhütung und Vermeidung von Krankheiten beschränken können.

Sehr viele Schafe auf der Welt werden halbwild gehalten und gedeihen offenbar gut, sind kerngesund und bereiten keine Probleme. Allerdings werden sie auch nicht den Erwartungen entsprechen, die wir an unsere Hochleistungsschafe hinsichtlich ihrer Fleisch- oder Milchleistung stellen.

Unseren Schafen ist ein Teil ihrer natürlichen Instinkte verlorengegangen, die sie vor giftigen Pflanzen warnen. Dennoch sind Vergiftungen durch Pflanzen selten. Hüten sollten wir uns vor dem bis zu vier Meter hohen Adlerfarn. Seine Giftwirkung ist allerdings so gering, daß es erst nach längerer Aufnahme zu Vergiftungserscheinungen kommt. Lupinen gelten gleichfalls als giftig, allerdings gibt es Hinweise darauf, daß manche Sorten gut vertragen werden. Rhododendrongewächse, Eibe (Taxus) und andere Zierpflanzen und -sträucher sind von unterschiedlicher Giftigkeit, aber Schafe kommen damit kaum in Berührung.

Kein Instinktdefekt ist es, wenn Schafe manchen bei der Düngung und im Pflanzenschutz verwendeten Chemikalien arg- und hilflos gegenüberstehen. Selbst das von Schafen benötigte Satz kann zu Vergiftungserscheinungen führen, wenn die Schafe nach längerer Abstinenz allzuviel davon aufnehmen, vor allem dann, wenn sie den sich darauf ergebenden Durst nicht mit reichlich Wasser stillen können.

Unter allen Haustieren ist das Schaf gegen Kupfer am empfindlichsten, obwohl es auch davon geringe Mengen (5 bis 10 Milligramm; zum Vergleich: Salz 4 bis 8 Gramm täglich) benötigt. Vor allem Lämmer reagieren schon auf geringe Überschreitungen des täglichen Bedarfs empfindlich. Deshalb ist es wichtig, bei Salzlecksteinen und Mineralfutter ein solches speziell für Schafe zu verwenden, das kupferfrei bzw. kupferarm ist.

Wenn Sie als gesundheitsbewußter Selbstversorger auf eine Stickstoff-düngung und die Verwendung von Herbiziden verzichten, haben Sie eine weitere Quelle möglicher Vergiftungen ausgeschaltet. Falls Sie dennoch die Chemie zur Hilfe nehmen, müssen Sie nach einer Düngung mit Mineralsalzen oder nach chemischen Pflanzenschutz-Maßnahmen die Schafe zur Vermeidung einer Nitratvergiftung mindestens eine Woche von der solcherart behandelten Weide fernhalten.

Schafe können nicht nur an einem Zuviel, sondern auch einem Zuwenig erkranken. Wie jedes andere Tier benötigen sie bestimmte Substanzen in sehr geringen Mengen, deren Fehlen zu Mangelerkrankungen führt. Wegen der geringen benötigten Mengen werden diese Substanzen auch als Spurenelemente bezeichnet. In freier Natur treten Mangelkrankheiten kaum auf, da die Wildtiere Gelegenheit haben, ihr Futter zu wählen. Auch auf einer artenreichen Wiese oder Weide ist die Gefahr einer Mangelkrankheit geringer als bei einer chemisch gedüngten, artenarmen Weide. Grundsätzlich aber sollte Mineralfutter zur Verfügung stehen.

Bei gesund ernährten Schafen sind Vitaminmangel-Krankheiten selten. Zu einem Vitamin B_1-Mangel kann es vor allem bei im Stall gehaltenen Absatz-Lämmern kommen, wenn ihnen nicht genug Rauhfutter zur Verfügung steht. Es kann dann zu einer als Cerebrale Nekrose bekannten Krankheit kommen. Vitamin A-Mangel tritt nur bei monatelanger Stallhaltung auf, und nur, wenn zudem das Futter minderwertig ist.

Zur Eigenbildung von Vitamin D im Körper ist die UV-Strahlung des Tageslichts erforderlich. Bei Stallhaltung ohne gelegentlichen Auslauf muß Vitamin D zugeführt werden. In Verbindung mit Kalzium- und Phosphor-Mangel kann es sonst zu Knochenbrüchigkeit (Osteomalazie) oder Knochenweiche (Rachitis) kommen.

Vitamin E-Mangel kann in Verbindung mit Selen-Mangel zu einer Krankheit führen, die als Enzootische Muskeldystrophie bekannt ist; Selenmangel tritt vor allem auf chemisch überdüngten Weiden auf (Sulphat-Überschuß).

Es würde wohl zu weit führen, alle benötigten Mineralstoffe und die bei ihrem Fehlen möglicherweise auftretenden Krankheiten zu beschreiben. Bei ordentlicher Sommerweide, vernünftigem Winterstall, gutem Futter und Mineralfutter-Gaben sind Mangelkrankheiten weitgehend auszuschließen.

Parasiten werden unterschieden in Außen-Parasiten (Ekto-Parasiten) und Innen- (Endo-) Parasiten. Betrachten wir zunächst die häufigsten Ekto-Parasiten etwas näher.

Fliegen bzw. deren Larven können unseren Schafen nur dann gefährlich werden, wenn diese offene Wunden haben oder wenn Kotklumpen in der Afterregion den Eiern eine Entwicklungsmöglichkeit geben. Offene Wunden entstehen beispielsweise bei der Kastration der Böcke oder dem Kupieren der Schwänze, so daß beide Maßnahmen vor Sommerbeginn durchgeführt werden sollten. Wenn die Schafe breiigen Kot haben, der sich in der Wolle festsetzt, sollte die Afterregion geschoren werden. Die Larven fressen sich in den Schafkörper hinein – bei starkem Befall verendet das Schaf qualvoll nach kurzer Zeit.

Haarlinge sind die häufigsten Ekto-Parasiten. Sie verursachen einen starken Juckreiz, sind aber nicht lebensgefährlich. Die Übertragung erfolgt entweder direkt von Schaf zu Schaf oder indirekt über damit verseuchte Ställe, Transportwege oder Transport-Fahrzeuge. Allerdings sind Haarlinge und ihre Eier oder Larven außerhalb des Schafkörpers nur knapp zwei Wochen lebensfähig.

Schafläuse sind bei uns seltener geworden. Sie stören nur bei starkem Befall durch Juckreiz, ansonsten gilt für sie das gleiche wie für die Haarlinge.

Die Schafbremse legt ihre Eier in der Nähe der Nase des Schafes ab. Die Larven dringen durch die Nasenöffnung ein und entwickeln sich dort in mehreren Monaten bis zu einer Größe von drei Zentimetern! Später werden sie vom Schaf ausgeniest und verpuppen sich, bis die Fliege schlüpft und der Kreislauf sich schließt. Todesfälle sind selten.

Früher war die Räude eine der gefürchtetsten Schafkrankheiten, heute kommt sie kaum noch vor und wird nur der Vollständigkeit halber angeführt und auch, weil sie zu den anzeigepflichtigen Tierseuchen gehört.

Völlig verhindern läßt sich ein Befall durch Ekto-Parasiten irgendeiner Art nicht. Ein zweimaliges Bad vor und nach dem Aufstallen mit einem Kontaktinsektizid kann aber die Plage weitgehend ausschalten. Die Larven sterben meistens relativ schnell, wenn sie sich nicht am Tierkörper aufhalten, so daß die Weide im Winter und der Stall im Sommer von selbst parasitenfrei werden.

Viel schlimmer als die Ekto-Parasiten sind natürlich die Endo-Parasiten innerhalb des Schafkörpers. Das besondere Problem bei der Koppelschafhaltung liegt darin, daß die Schafe ständig auf einer relativ kleinen Fläche gehalten werden, so daß es zu einer Weideverseuchung kommen kann. Nach einem normalen Winter ist die Weide weitgehend parasitenfrei.

Einige Endo-Parasiten benötigen zu ihrer Entwicklung einen bestimmten Zwischenwirt. Fehlt er, können sie den Schafen nicht gefährlich werden. Zu nennen wären hier der Bandwurm mit der Moosmilbe als Zwischenwirt, die kleinen Lungenwürmer und der kleine Leberegel, die auf die Landschnecke angewiesen sind, und der große Leberegel, der die Leberegelschnecke benötigt. Diese Zwischenwirte finden sich praktisch nur auf feuchten Wiesen, so daß wir bestrebt sein werden, die Weide möglichst trocken zu halten bzw. trockene Weiden zu bevorzugen.

Bei Schafen mit kräftiger Konstitution verläuft die Schadwirkung wesentlich geringer als bei schwachen Schafen. Deshalb sind insbesondere Lämmer gefährdet. Gegen manche Parasiten entwickeln die befallenen Schafe Abwehrstoffe, die zu einer gewissen Immunität führen.

Mitentscheidend für die Schadwirkung ist die Art des Schädlings und die Infektionsstärke. Die Endo-Parasiten schädigen das befallene Schaf durch Nahrungsentzug, mechanische Verletzungen der Verdauungsorgane und ihre Ausscheidungen. Verständlicherweise ist ein starker Befall durch den Schädling schlimmer als ein nur leichter Befall. Der besonders gefährliche Hakenwurm entzieht seinem Wirt täglich etwa 0,5 Milliliter Blut; bei tausend Hakenwürmern ist das täglich ein halber Liter!

In jedem Fall sollten die Schafe etwa eine Woche vor dem Weideauftrieb gegen Magendarmwürmer behandelt werden, ebenso kurz vor dem Aufstallen. Während der Weideperiode ist eine zweimalige Behandlung gegen Magendarmwürmer und Bandwürmer ratsam, insbesondere dann, wenn eine Kotuntersuchung einen Befall ergeben hat. Ein anschließender Koppelwechsel ist ratsam. Die Entwurmung erfolgt normalerweise durch Pillen, die mit einem Pillengeber, der mitgeliefert wird, möglichst tief in den Rachen geschoben werden, damit sie nicht vom Schaf wieder ausgespuckt werden können.

Wie erwähnt ist das ständige Halten von Schafen auf einer relativ kleinen Weidefläche mit einem erhöhten Infektionsrisiko verbunden. Andererseits ist es aber auch einfacher, unter solchen Haltungsbedingungen die Neuinfektion eines parasitenfreien Bestands zu verhindern. Besondere Vorsicht ist geboten, wenn ein neues Schaf hinzukommt, beispielsweise ein fremder Bock, der die Mutterschafe decken soll.

Zweifellos die gefährlichsten Krankheiten sind jene, die durch Infektion entstehen, durch Bakterien oder Viren. Sieht man von der Räude ab, dann gehören alle anzeigenpflichtigen Krankheiten zu den Infektionskrankheiten. Tritt eine solche Krankheit auf, ist sofort die Polizei oder der Amtstierarzt zu benachrichtigen. Diese anzeigepflichtigen Krankheiten sind neben der Räude die Tollwut, Brucellose (seuchenhaftes Verlammen), Milzbrand, Rauschbrand, Schafpocken und Maul- und Klauenseuche.

Die Schafpocken gibt es in Deutschland seit 1918 nicht mehr; Tollwut kann dadurch auftreten, daß der Fuchs als weitaus größter Überträger dieser Seuche Schafe auf der Weide ansteckt. Wie die Tollwut ist auch die Brucellose auf den Menschen übertragbar (Malta-Fieber). Sie wurde nach dem letzten Krieg in Deutschland eingeschleppt, ist aber mittlerweile völlig verschwunden. Die Maul- und Klauenseuche befällt nicht nur Schafe, sondern auch Rinder, Schweine und Ziegen. Wie der Name andeutet, äußert sie sich durch Blasenbildung am Maul und an den Klauen. Der Milzbrand kann auch für Menschen gefährlich werden; Schafe verenden nach wenigen Stunden unter Krämpfen. Ähnlich verhält es sich bei dem Rauschbrand, der als Wundinfektion beginnt.

Es gibt eine Vielzahl weiterer Infektionskrankheiten. So viele sogar, daß es zahlreiche Bücher gibt, die sich damit ausführlich befassen. Bei den isolierten Kleinbeständen eines Selbstversorger-Betriebs sollten sie ihren Schrecken verlieren.

In Verbindung mit der Geburt kann es zu einer erhöhten Anfälligkeit bei Mutterschaf und Lamm kommen; die Mutter ist durch die körperliche Umstellung und die Belastung gefährdet, das Lamm ist ohnehin zunächst von schwächlicher Konstitution. Über die relativ häufigen Schwergeburten bei bestimmten Fleischschafrassen wurde bereits berichtet, auch über die Brucellose und die Wichtigkeit des Abgehens der Nachgeburt.

Bei den Lämmern bietet die Nabelschnur in den ersten Tagen wie alle nicht durch eine Hautschicht geschützten, blutigen Körperstellen einen Infektionsherd; es kann zur Lämmerlähme kommen. Eine Schutzmaßnahme ist ggf. das Kürzen der Nabelschnur und eine Desinfektion mit Jod oder Antibiotika. Wer beobachtet, wie brutal vor allem ältere Lämmer sich beim Saugen in den beiden Zitzen des Mutterschafs verbeißen, wundert sich, daß es nicht häufiger zu Verletzung des Euters kommt.

Eine Euterverletzung aber ist ein gefährlicher Infektionsherd, durch den es zu einer Euterentzündung (Mastitis) kommen kann. Früher war diese Mastitis die verlustreichste Krankheit unter den Mutterschafen überhaupt; glücklicherweise lassen sich die Erreger heutzutage relativ leicht mit Antibiotika bekämpfen, wenn die Behandlung früh genug eingeleitet wird. Wie bei allen anderen Krankheiten ist es erforderlich, durch tägliche Beobachtung Abweichungen vom normalen Verhalten festzustellen und ggf. rechtzeitig den Tierarzt zu rufen. Bei mehr als zwei Lämmern ist es überdies ratsam, eines der Lämmer künstlich aufzuziehen, um den Kampf um die beiden Zitzen mit den daraus resultierenden Euterverletzungen zu verhindern.

Neben der täglichen Beobachtung und Überwachung der Mutterschafe und später auch der Lämmer gibt es einige weitere Maßnahmen, um Krankheiten vorzubeugen.

Das Futter sollte quantitativ, vor allem aber qualitativ den Bedürfnissen der Schafe entsprechen. Auf der Weide genügt es, Mineralfutter anzubieten. Im Stall aber muß Heu und Silage sowie Kraftfutter einwandfrei sein, ebenso die Einstreu. Ansonsten ist im Winterstall eine gute Belüftung entscheidend wichtig. Auf der Weide ist darauf zu achten, daß nicht frisch mit Chemikalien gedüngte oder behandelte Flächen beweidet werden und die Weide selbst trocken ist.

Was hier an der Wand lehnt
ist ein Schafliegestuhl,
in dem ...

... die Klauenbehandlung
erleichtert wird.

Die Schafschur erfolgt, wie bereits erwähnt, am besten kurz nach dem Aufstallen, nicht zuletzt deswegen, weil sich in eventuellen Schurverletzungen keine Parasiten ansiedeln können. Das ist auch ein Grund, warum Lämmer möglichst schon im Stall kastriert und kupiert werden sollten.

Zu den turnusmäßig durchzuführenden, vorbeugenden Pflegemaßnahmen gehört es, kurz vor dem Aufstallen und vor dem Weideaustrieb die Schafe zu entwurmen und ihnen die Klauen zu schneiden.

Das Klauenschneiden ist an sich nicht schwierig, aber man darf natürlich nicht zu stark zurückschneiden, weil eine Verletzung an den Klauen ein besonders gefährlicher Infektionsherd ist. Deshalb sollte man sich das Klauenschneiden von einem Fachmann zeigen lassen.

Zumindest einmal, eventuell auch zweimal während der Weidezeit ist eine Kotuntersuchung ratsam. Wer diese Untersuchung durchführt, erfahren Sie bei Ihrem zuständigen Landesschafzuchtverband. Die Untersuchungen sind meist kostenlos. Bei Wurmbefall kann eine gezielte Behandlung erfolgen.

Die Bekämpfung der Ekto-Parasiten, also allen Ungeziefers, das sich in der dichten Wolle der Schafe wohlfühlt, erfolgt am wirkungsvollsten durch das bereits erwähnte Bad in einem entsprechenden Insektizid unmittelbar

Eine für den Kleinbetrieb gut geeignete Durchlaufwanne für die Behandlung gegen Moderhinke.

vor und nach dem Aufstallen, damit die Schafe ungezieferfrei in den Stall bzw. auf die Weide kommen. Bei der Schur im Stall hat das auch den Vorteil, daß die kurz zuvor gebadeten Schafe ungezieferfreie Wolle liefern. Bei wenigen Schafen ist ein Bad sehr aufwendig. Reisende Lohnunternehmer werden, falls es sie überhaupt in Ihrer Gegend gibt, nicht wegen weniger Schafe kommen, auch besteht die Gefahr, daß Krankheiten eingeschleppt werden. Eine Parasitenbekämpfung durch Besprühen oder Begießen ist ebenfalls möglich, aber nicht so wirksam wie ein Tauchbad.

Gerade bei Selbstversorger-Kleinbetrieben gilt ganz besonders die bekannte Weisheit „Vorbeugen ist besser als heilen." Tatsächlich kann Anfängern nicht deutlich genug davon abgeraten werden, aufgetretene Erkrankungen selbst zu behandeln.

Dabei sind Schafhalter sogar berechtigt, ihre Schafe selbst zu behandeln, was ansonsten dem Tierarzt vorbehalten ist. Es gibt nämlich als Gewohnheitsrecht die sogenannte „Kurierfreiheit", die besagt, daß Schafhalter und Schäfer die eigenen oder professionell betreuten Schafe selbst behandeln dürfen. Für uns sollte das aber nur ein interessantes historisches Kuriosum sein, denn im Gegensatz zu erfahrenen Berufsschäfern sind Selbstversorger reine Amateure in der Schafhaltung.

Außerdem ist wohl die Behandlung der eigenen Schafe erlaubt, der Bezug der dazu erforderlichen Arzneien aber nur über den Tierarzt oder ggf. mit dessen Rezept über eine Apotheke möglich. Ob aber ein Tierarzt bereit ist, Ihnen Arzneien zu verschreiben, für deren vorschriftsmäßige Anwendung er verantwortlich bleibt, ist zweifelhaft.

Bewußt wurde auf eine eingehende Beschreibung der verschiedenen Krankheits-Symptome verzichtet, weil diese sich teilweise überschneiden und bei Laien möglicherweise zu einer völlig falschen Diagnose führen. Wenn Schafe sich länger als ein oder zwei Tage anders als gewohnt verhalten, sollten Sie stets den Tierarzt zuziehen. Wohl kann es dann bereits zu spät sein, aber wie bei uns Menschen kurieren sich Unpäßlichkeiten meist von selbst. Lediglich die Feststellung der Körpertemperatur ist eine Diagnosehilfe: rektal gemessen, beträgt die Normaltemperatur zwischen 38,5 und 40 Grad Celsius (der Puls liegt bei Lämmern zwischen 115 und 140, bei Jährlingen zwischen 85 und 95 und bei Altschafen zwischen 60 und 80).

Schäfer bei der Klauenpflege.

135

Anhang

LITERATURVERZEICHNIS

Aubert: Biologisch gesunde Ernährung, Wien
Bächi-Nussbaumer: So färbt man mit Pflanzen, Bern
Behrens, Scheelje, Doehner, Wassmuth: Lehrbuch der Schafzucht,
  Hamburg
Dymanski: Selbstversorgung durch Ziegenhaltung, Stuttgart
Haase: Ratgeber für den praktischen Landwirt, München
Haring: Schafzucht, Stuttgart
Kircher: Vom Handweben mit einfachen Apparaten, Kassel
König, Gutsche, Heurig, Kuschatz: Schafe, Berlin
Kröner: In Wolle lebt sich's gesünder, Bad Homburg
Mayr: Das biologische Kochbuch, Wien
von Rhamm: Das große Buch für Selbstversorger, Stuttgart
Schwintzer: Das Milchschaf, Stuttgart
Schlolaut/Wachendörfer: Schafhaltung, Frankfurt
Spränger: Färbbuch, Zürich
Uhlich: Nahrungsmittel-ABC, Stuttgart
Voitl, Guggenberger: Bioprodukte Milch und Fleisch, Wien
Voitl, Guggenberger: Vernünftige Ernährung, Wien
Deutsche Schafzucht, Niebuhrstr. 53, 5300 Bonn (erscheint alle 14 Tage
  als amtliches Verbandsorgan; im gleichen Verlag erscheint auch der
  Deutsche Schäferei-Kalender).
Land- und Hauswirtschaftlicher Auswertungs- und Informationsdienst
  (AID), Heft Nr. 400: Lammfleisch erzeugen
Bayerische Landesanstalt für Tierzucht: Leitfaden für die Koppelschaf-
  haltung

ANSCHRIFTEN

Vereinigung Deutscher Landesschafzuchtverbände, 5300 Bonn,
  Adenauer-Allee 176
Landesschafzuchtverband Baden-Württemberg, 7000 Stuttgart 1,
  Sophienstraße 21 B
Landesverband Bayerischer Schafzüchter, 8000 München 12, Haydn-
  straße 11
Hessischer Schafzuchtverband, 3500 Kassel, Kölnische Straße 48 – 50
Landesschafzuchtverband Niedersachsen, 3000 Hannover, Johannssen-
  straße 10
Vereinigung Rheinischer Schafzüchter, 5300 Bonn, Endenisher Allee 60
Landesverband der Schafzüchter in Rheinl.-Pfalz, 6750 Kaiserslautern,
  Fischerstraße 11
Landesverband Schlesw.-Holsteiner Schafzüchter, 5300 Kiel-Steenbek,
  Steenbeker Weg 151
Landesschaftzuchtverband Weser-Ems, 2900 Oldenburg, Mars-la-
  Tour-Straße 13
Landesverband Westfälischer Schafzüchter, 4790 Paderborn, Bleich-
  straße 41

Räucherschrank, Nähahle, Schafhaltungs-Zubehör und sonstiges
Werkzeug: Westfalia, Postfach 4269, 5800 Hagen 1 (Katalog)
Schafzaungeflecht, autom. Tränke, Klauenschneider, Schafscheren,
  Lämmerbar, sonst. Stallzubehör: Tier und Technik K. Dyke, Berliner Str. 9,
  6451 Hammersbach 2
Schafhürden, Raufen: Fa. Koller, Sehensander Straße 5, 8859 Ballersdorf
Geräte zur Wollbehandlung: Firma Kircher, Postfach 1408, 3350 Marburg.
Deutsche Wollverwertung, Finninger Str. 60, 7910 Neu-Ulm
Lochbleche für Stallböden: A. Moradelli, Daimlerstr. 1, 8011 Kirchheim

TABELLEN

1. Durchschnittliche Zuchtleistungen einiger Schafrassen

	Schlachtlämmer 6 Monate (kg)	Erstzulassung Alter in Monat.	Fruchtbarkeit (Prozent)
Merino-Fleischschaf	45 – 55	12 – 18	180–190
Merino-Landschaf	45 – 55	12 – 18	150–180
Weißk. Fleischschaf	50 – 60	6 – 7	170–180
Schwarzk. Fleischschaf	45 – 55	10 – 14	150–160
Texel-Schaf	45 – 55	7 – 8	160–180
Milchschaf	45 – 55	6 – 7	200–230
Heidschnucke	25 – 35	16 – 20	100–140

2. Besatzstärke Mutterschafe/ha

Ablammquote	140 %	160 %	180 %	200 %
Futterflächen-Ertrag in StE	Zahl der Mutterschafe pro Hektar			
schlecht (1500)	4,4	4,2	4,0	3,8
mäßig (2500)	7,3	7,0	6,7	6,4
mittel (3500)	10,2	9,8	9,4	9,0
gut (4500)	13,1	12,6	12,1	11,6
bestens (5500)	16,0	15,4	14,8	14,2

3. Fleischertrag in kg/ha

Ablammquote	140 %	160 %	180 %	200 %
Futterflächen-Ertrag in StE	Fleischertrag in kg/ha			
	L/S*	L/S*	L/S*	L/S*
schlecht (1500)	154/35	168/34	180/32	190/30
mäßig (2500)	256/59	280/56	302/54	320/51
mittel (3500)	357/82	392/79	423/75	450/72
gut (4500)	459/105	504/101	545/97	580/93
bestens (5500)	560/128	616/123	666/118	710/114

* **Berechnungsgrundlage:** Lebendgewicht auszumerzender Altschafe (S) 80 kg, der Lämmer (L) 50 kg; Schlachtgewicht = 50 % des Lebendgewichts; 5jähriger Umtrieb.

4. Vegetations-Wachstum im Jahresverlauf (Basis: Mai = 100 Prozent)

April	Mai	Juni	Juli	August	September	Oktober
60 %	100 %	92 %	79 %	58 %	54 %	31 %

5. Beispiel eines vereinfachten Weideplans bei zehn Koppeln*

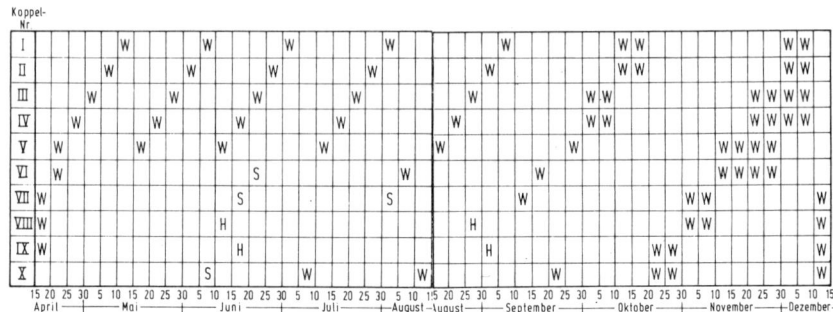

W = beweidet;   S = Silageschnitt;   H = Heuschnitt

* nach „Lehrbuch der Schafzucht"

6. Bergeraum-Bedarf für Grundfutter und Einstreu
(pro Mutterschaf mit Lämmern; vier Monate Stallhaltung)

Stroh (Gesamtbedarf 0,6–1,0 dt, Tagesbedarf 0,5–0,8 kg)
hochdruckgepreßte Ballen   0,8 – 1,4 m³
niederdruckgepreßte Ballen   1,6 – 2,8 m³
lose gelagert   2,1 – 3,3 m³

Heu (Gesamtbedarf 0,9 – 1,2 dt, Tagesbedarf 0,7 – 1,0 kg)[1]
hochdruckgepreßte Ballen   0,4 – 0,6 m³
niederdruckgepreßte Ballen   0,6 – 0,9 m³
lose gelagert   1,1 – 1,5 m³

Silage (Gesamtbedarf 4,8 – 7,2 dt, Tagesbedarf 4,0 – 5,0 kg)   0,8 – 1,3 m³

---

1) Bei reiner Heufütterung (ohne Silage) liegt der Tagesbedarf zwischen 1,8 und 2,5 kg. Kraftfutter kann das Grundfutter bedarfsweise ergänzen, z. B. 1,5 kg Heu und 0,8 kg Kraftfutter täglich; der Berge-raum-Bedarf für Kraftfutter ist gering.

7. Wirkstoff-Gehalt in Mist und Harn der wichtigsten Nutztiere
(Angaben in Prozent)

Org. Substanz	Kali	Kalk	Phosphor	Stickstoff	
Schafmist	30	0,67	0,30	0,25	0,85
Schafharn	8	1,80	0,35	0,10	1,60
Pferdemist	25	0,53	0,30	0,25	0,58
Pferdeharn	7	1,50	0,15	0,05	1,30
Rindermist	20	0,55	0,45	0,25	0,45
Rinderharn	3	1,50	0,02	0,10	1,25
Schweinemist	25	0,55	0,01	0,20	0,45
Schweineharn	2,5	1,00	0,02	0,05	0,50

8. Zusammensetzung der Schafmilch im Vergleich (in Prozent)

	Wasser	Fett	Eiweiß	Milchzucker	Sonstige
Schaf	83,5	6,2	5,2	4,2	0,9
Ziege	87,2	3,6	3,5	4,2	1,5
Kuh	88,0	3,6	3,4	2,5	2,5

9. Vitamingehalt der Schafmilch im Vergleich zur Kuhmilch (pro Liter)

Vitamin	Schafmilch	Kuhmilch	Schaf-/Kuhmilch
A	0,5 mg	0,3 mg	1,7 :1
B_1	0,48 mg	0,36 mg	1,3 :1
B_2	2,3 mg	1,8 mg	1,3 :1
PP	4,5 mg	0,87 mg	5,2 :1
B_{12}	5,1 g	5,4 g	0,95:1
B_{13} (Orot-S.)	ca. 400 mg	ca. 100 mg	4,0 :1
Biotin H	90,0 g	35,0 g	2,6 :1
C	42,5 mg	14,7 mg	2,9 :1
F	47,2 g	11,3 g	4,5 :1